I0876496

ISBN 978-960-99945-7-6

Φωτογραφίες: Κωνταντίνος Τζωρτζίνης, Ανδρέας Γεωργιάδης
Σχεδιασμός έκδοσης: Ανδρέας Γεωργιάδης
Γραφιστική επεξεργασία: Βαγγέλης Γκραβαρίτης
Παραγωγή: Μικρή Άρκτος

Θερμές ευχαριστίες προς: Μαρία Γεωργοπούλου, Μαρία Σμάλη

ISBN 978-960-99945-7-6

Photographs: Kontantinos Tzortzinis, Andreas Georgiadis
Artistic design: Andreas Georgiadis
Graphic design: Vangelis Gkravaritis
Production: Mikri Arktos

With special thanks to: Maria Georgopoulou, Maria Smali

Ο Όμηρος στη Γεννάδειο Βιβλιοθήκη

ΣΠΑΝΙΕΣ ΕΚΔΟΣΕΙΣ ΟΜΗΡΙΚΩΝ ΕΠΩΝ

Επιμέλεια-Κείμενα: Ειρήνη Σολομωνίδη

Homer at the Gennadius Library

RARE EDITIONS OF THE HOMERIC EPICS

Curator-Texts: Irini Solomonidi

ΟΜΗΡΟΣ
Ex marmore antique in Ædibus Farnesianis . Rom

Προοίμιο

Στην καρδιά της Αθήνας βρίσκεται η Γεννάδειος Βιβλιοθήκη, ένας πόλος έλξης για βιβλιόφιλους και ερευνητές που εκτιμούν και τιμούν την κληρονομιά του ελληνικού πνεύματος. Με σεβασμό στο όραμα του συλλέκτη Ιωάννη Γενναδίου (1844-1932) να καταστεί η Αμερικανική Σχολή Κλασικών Σπουδών στην Αθήνα ένα «παγκόσμιο κέντρο μελέτης της Ελλάδας από την αρχαιότητα μέχρι σήμερα», η Βιβλιοθήκη φυλάσσει ως παρακαταθήκη μια συλλογή απαράμιλλης ιστορικής σημασίας, με πυρήνα τα σπάνια βιβλία που ο Γεννάδιος συνέλεξε με πάθος στο Λονδίνο.

Ο Γεννάδιος και η σύζυγός του Ανθή δώρισαν τη σπουδαία συλλογή τους 30.000 βιβλίων στην Αμερικανική Σχολή Κλασικών Σπουδών το 1922 με τον όρο να δημιουργηθεί ένα ξεχωριστό κτήριο, το «Γεννάδειον», για να τιμήσει τον πατέρα του ιδρυτή, λόγιο Γεώργιο Γεννάδιο. Το μεγαλοπρεπές νεοκλασικό κτήριο της Βιβλιοθήκης, που εγκαινιάστηκε το 1926, καλωσορίζει τους επισκέπτες και ερευνητές με μια επιγραφή εμπνευσμένη από τον Ισοκράτη χαραγμένη στο επιστύλιο: «Έλληνες καλούνται οι της ημετέρας παιδείας μετέχοντες». Η συλλογή της Γενναδείου περιλαμβάνει σήμερα 150.000 τόμους «που αντιπροσωπεύουν το δημιουργικό πνεύμα της Ελλάδας σε όλες τις περιόδους, την επιρροή των τεχνών και των επιστημών της στο δυτικό κόσμο και την εντύπωση που η φυσική της ομορφιά έκανε στον περιηγητή» σύμφωνα με την επιθυμία του δωρητή.

Κορυφαίες ανάμεσα στις σπάνιες εκδόσεις της Γενναδείου είναι 700 σχετικές με τον Όμηρο, αληθινά κοσμήματα της αρχαίας ελληνικής γραμματείας με ευρεία απήχηση στην Ευρώπη του Ουμανισμού. Με αφορμή τις ομιλίες της διακεκριμένης κλασικής φιλολόγου Emily Wilson στη σειρά διαλέξεων στη μνήμη της Θάλειας Ποταμιάνου, η Επικεφαλής Βιβλιοθηκάριος Ειρήνη Σολομωνίδη επέλεξε 39 μοναδικά τεκμήρια από αυτή την ομηρική συλλογή που εκτέθηκαν στο Αναγνωστήριο τον Οκτώβριο του 2023. Ο τόμος αυτός, φόρος τιμής στους μοναδικούς θησαυρούς της Βιβλιοθήκης, αποτελεί τον πρώτο μιας σειράς εκδόσεων της Γενναδείου, που θα κυκλοφορήσουν με αφορμή τα εκατόχρονά της που συμπληρώνονται το 2026.

Δεν είναι τυχαίο που η πρώτη έκδοση του Ομήρου, τυπωμένη στη Φλωρεντία το 1488, ήταν το πολυτιμότερο βιβλίο στη συλλογή του Γενναδίου. Το να φυλλομετράς ένα βιβλίο 500 ετών είναι μια μαγική εμπειρία - πόσο μάλλον αυτή την έκδοση που είναι ένα πραγματικό κόσμημα. Τα καλαίσθητα ελληνικά στοιχεία μιμούνται το χέρι κάποιου επιδέξιου βυζαντινού γραφέα, ενώ το πορτρέτο του συγγραφέα ντυμένου «α λα φιορεντίνα» μας παρατηρεί μέσα από το πρωτόγραμμα. Το μεγάλο κόκκινο καπέλο του αντί να παραπέμπει στην αρχαιότητα, τονίζει τον νεωτερισμό του έργου. Εδώ βλέπουμε τον Όμηρο έτοιμο να περπατήσει στους δρόμους της Φλωρεντίας χέρι-χέρι με τον ιδιοκτήτη του βιβλίου!

Ξεφυλλίζοντας αυτές τις παλαιές εκδόσεις νοιώθεις στ' αλήθεια ότι βυθίζεσαι στην ανεξίτηλη δύναμη των επικών αφηγήσεων της Ιλιάδας και της Οδύσσειας. Στην πορεία συναντιέσαι με πρωτοπόρους τυπογράφους, φημισμένους σχολιαστές, διάσημους μεταφραστές ή εμπνευσμένους καλλιτέχνες που δίνουν νέα ζωή στη διαρκή γοητεία του έπους που υπερβαίνει τα χρόνια.

Για τη Γεννάδειο Βιβλιοθήκη, η διατήρηση τέτοιων πολιτιστικών αγαθών δεν είναι απλώς υποχρέωση, αλλά και ιερή ευθύνη – μια δέσμευση για τη διαφύλαξη της ελληνικής λογοτεχνικής κληρονομιάς για τις μελλοντικές γενιές. Μέσα από προσεκτικές προσπάθειες συντήρησης και ερευνητικής δραστηριότητας, η Βιβλιοθήκη προσπαθεί να εξασφαλίσει ότι το πνεύμα του Ομήρου παραμένει προσβάσιμο σε όλους όσοι αναζητούν φως και έμπνευση. Ξεκινήστε το ταξίδι της ανακάλυψης μαζί μας.

Μαρία Γεωργοπούλου
Διευθύντρια Γενναδείου
Βιβλιοθήκης

Prooimion

Nestled in the heart of Athens, the Gennadius Library stands as a beacon for bibliophiles and scholars alike, honoring and cherishing the rich heritage of Greek intellect. Aligned with the vision of its founder Joannes Gennadius (1844-1932) that the American School of Classical Studies at Athens should become a "world center for the study of Greece from Antiquity to the present," the Library safeguards a collection of unparalleled historical significance, including the valuable collection of rare books that Mr. Gennadius passionately gathered in London.

Gennadius and his wife Florence gifted their seminal collection of some 30,000 rare books to the American School of Classical Studies in 1922 on condition that a separate building, the "Gennadeion," be created in honor of his father, the scholar George Gennadius. The magnificent neoclassical library building inaugurated in 1926, greets visitors and researchers with an inscription on its architrave borrowed from Isocrates: 'Greeks are called those who have a Greek education.' Today, the Library's collection houses 150,000 volumes 'representing the creative genius of Greece at all periods, the influence of her arts and sciences upon the western world, and the impression created by her natural beauty upon the traveler' in accordance with the founder's wishes.

Chief among the Gennadeion's treasures are 700 editions devoted to Homer, revered gems of ancient Greek literature with profound resonance in humanist Europe. In October 2023, 39 select items from this illustrious Homeric collection were showcased in the Reading Room thanks to Senior Librarian Irini Solomonidi, coinciding with a lecture by distinguished classical philologist and translator of Homer, Emily Wilson, as part of the Thalia Potamianos Lecture Series. This volume, a homage to the library's unique holdings, marks the inaugural publication in a series celebrating the Library's centenary in 2026.

It is no coincidence that the editio princeps of Homer, printed in Florence in 1488, held pride of place in Gennadius's collection. Leafing through the pages of this five-century-old tome invokes a profound sense of awe, particularly when one holds such a venerable treasure

in hand. The verses, elegantly rendered in Greek script reminiscent of a deft Byzantine scribe's hand, are accompanied by the author's portrait, a figure adorned in attire typical of the era. The depiction of Homer, clad in contemporary Florentine garb, bridges antiquity with modernity, as if beckoning the reader to stroll the streets of Florence alongside the epic's illustrious author.

Delving into these ancient editions, one becomes immersed in the timeless power of the epic narratives of the Iliad and the Odyssey, encountering along the way pioneering typographers, renowned commentators, distinguished translators, and inspirational artists, each breathing new life into the enduring allure of the epic, resonating through the ages.

For the Gennadius Library, the preservation of such cultural artefacts transcends mere duty; it is a sacred trust – a solemn commitment to safeguarding Greek literary heritage for posterity. Through meticulous conservation efforts and scholarly inquiry, the Library endeavors to ensure that the legacy of Homer remains accessible to all who seek enlightenment and inspiration. We invite you to embark on this journey of discovery with us.

Maria Georgopoulou
Director of the Gennadius Library

Ο Όμηρος του Ιωάννη Γενναδίου

Το σύντομο αυτό βιβλίο επιχειρεί να ανασυνθέσει ένα ομηρικό σύμπαν μέσα από την οπτική του Ιωάννη Γενναδίου σαν συλλέκτη. Προβάλλει 39 εξαιρετικούς θησαυρούς από ένα από τα πιο σημαντικά τμήματα της συλλογής του, τους *Έλληνες Κλασσικούς*[1]. Αποφασιστικής σημασίας για την ανάδειξη της συνέχειας του ελληνικού πνεύματος ανά τους αιώνες, αυτή η κατηγορία βιβλίων απεικονίζει την εκτενή εκδοτική ιστορία των ελληνικών κλασικών κειμένων και περιλαμβάνει 6.000 εκδόσεις από τις οποίες οι 700 είναι ομηρικές.

Ο δακτυλόγραφος κατάλογος των *Ελλήνων Κλασσικών* του Ιωάννη Γενναδίου αποτέλεσε τον οδηγό και την πρώτη βασική βιβλιογραφική πηγή για την έρευνα της συλλογής που παρουσιάζεται εδώ. Στον κατάλογο της συλλογής του, ο Γεννάδιος ξεχωρίζει μοναδικές βιβλιοδεσίες, σπανιότητα αντιτύπων και διάσημους κτήτορες. Γράφει: «Αυτή η ενότητα είναι αρκετά αντιπροσωπευτική ολόκληρης της Βιβλιοθήκης. Ακόμη και μια συνοπτική ανασκόπηση των πιο εμφανών χαρακτηριστικών των βιβλίων δίνει μια ιδέα του συνόλου. Είναι πλούσια σε ιστορικές καλλιτεχνικές βιβλιοδεσίες, εκ των οποίων οι πιο σημαντικές φέρουν οικόσημα των Λουδοβίκου 14ου, Λουδοβίκου 16ου και του Καρδιναλίου Μαζαρέν… Όσον αφορά τους τύπους βιβλιοδεσίας, οι ακόλουθες είναι ιδιαίτερα αξιόλογες: αναμφίβολα η αρχική «Αλδινή»… Αξιοσημείωτες είναι επίσης ορισμένες βιβλιοδεσίες σχεδιασμένες από τον ίδιο το Γεννάδιο [*Εὐσταθίου ἀρχιεπισκόπου Θεσσαλονίκης παρεκβολαὶ εἰς τὴν Ὁμήρου Ἰλιάδα καὶ Ὀδύσσειαν*]. Επίσης υπάρχουν βιβλία τυπωμένα σε περγαμηνή [Ευστάθιος και άλλα] καθώς και σε μεταξωτό χαρτί Ινδίας.

Όλα τα σημαντικά τυπογραφεία ελληνικών βιβλίων του 15ου, 16ου και 17ου αιώνα αντιπροσωπεύονται σε αυτή την ενότητα από πολυάριθμα αντίτυπα… Χωρίς να απαριθμήσουμε τις τυπωμένες σε χαρτί μεγάλου μεγέθους, εκδόσεις, που είναι πολλές, μπορεί να γίνει αναφορά σε πολλές ιδιωτικές εκδόσεις καθώς και σε αντίτυπα που εκδόθηκαν σε πολύ μικρό αριθμό… Εξίσου σπουδαία είναι και τα εικονογραφημένα βιβλία, με πληθώρα πορτραίτων και χαρακτικών [για παράδειγμα η έκδοση του Alexander Pope]…

---

1 Η συλλογή *Έλληνες Κλασσικοί* βασισμένη στην ταξινόμηση του προσωπικού καταλόγου του Γενναδίου είναι από τις εκτενέστερες της Γενναδείου Βιβλιοθήκης.

Αυτή η ενότητα είναι σημαντική για την αδιάσπαστη σειρά των διαδοχικών πρώιμων εκδόσεων του Ομήρου (συμπεριλαμβανομένου του υπέροχου αντιτύπου της πρώτης έκδοσης [editio princeps]), του Αισχύλου, του Ευριπίδη, του Αριστοφάνη… καθώς και των τριών διαδοχικών εκδόσεων της νεοελληνικής εκδοχής της Ιλιάδας. Τέλος, μπορεί να γίνει αναφορά σε βιβλία με χειρόγραφα σημειώματα, υπογραφές και αφιερώσεις λογίων και επιφανών ανδρών όπως ο Βύρων, ο Ρενουάρ και ο Γκίλφορντ».

Η περιγραφή κάθε ομηρικού βιβλίου από το συλλέκτη Γεννάδιο είναι συστηματική και λεπτομερής όσον αφορά την έκδοση αλλά και το αντίτυπο, αποτελώντας το σημείο εκκίνησης για περαιτέρω βιβλιογραφική έρευνα κάθε τεκμηρίου σε βασικές και εξειδικευμένες πηγές. Ενδεικτικά αναφέρονται: το Βιβλιολογικό Εργαστήρι «Φίλιππος Ηλιού», το Library Hub Discover (κατάλογοι των μεγάλων βιβλιοθηκών του Ηνωμένου Βασιλείου και της Ιρλανδίας), το CCFr Catalogue collectif de France, το OPAC SBN Catalogo del Servizio Bibliotecario Nazionale, το CERL - Heritage of the Printed Book Database, το MEI (Material Evidence in Incunabula), το Incunabula Short Title Catalogue (ISTC), το CERL Thesaurus, τα Ζέφυρος και Ανέμη, η Ψηφιακή Βιβλιοθήκη Νεοελληνικών Σπουδών και το WorldCat.

Το υλικό που επιλέχθηκε φέρνει στο φως τις διαδρομές και τις μετουσιώσεις της πρωτογενούς ομηρικής ύλης στο χρόνο και στο χώρο μέσα από τέσσερις ενότητες: *Ομηρικά έπη και τυπογραφία*: *αρχές και διασπορά*, *Μεταφράσεις και παραφράσεις*, *Ομηρικά έπη*: *μελέτη*, *σχόλια και διδασκαλία* και τέλος, *Εικονογραφήσεις ομηρικών εκδόσεων*.

Μοναδικοί θησαυροί όπως η πρώτη έκδοση της Ιλιάδας και της Οδύσσειας του Δημητρίου Χαλκοκονδύλη το 1488 στη Φλωρεντία, η πρώτη παράφραση της Ιλιάδας στα νέα ελληνικά από τον Νικόλαο Λουκάνη (Βενετία, 1526), εκτίθενται δίπλα στις μεταφράσεις των ομηρικών επών σε λατινικά, αγγλικά, γαλλικά, ιταλικά και ισπανικά αναδεικνύοντας τη διασπορά του κειμένου, πρωτότυπου, μεταφρασμένου ή παραφρασμένου στην Ευρώπη και τη Βόρεια Αμερική. Εκδόσεις του ομηρικού έπους συναντώνται μαγικά με εικονογραφήσεις του John Flaxman ή αναδεικνύουν προσωπικές ιδιόρρυθμες συνθέσεις κειμένου και εικόνας από τον ίδιο τον ιδρυτή της Βιβλιοθήκης, Ιωάννη Γεννάδιο.

Ειρήνη Σολομωνίδη

The Homer of Joannes Gennadius

This short book attempts to reconstruct the Homeric universe from the perspective of Joannes Gennadius as a collector. It showcases 39 exceptional treasures from one of the most significant parts of his collection, *Greek Classics*. Crucial for demonstrating the continuity of Hellenism throughout the centuries, this class of books illustrates the extensive publishing history of the Greek classical texts; it comprises 6,000 editions of which 700 are Homeric.[1]

Joannes Gennadius's typewritten catalogue of *Greek Classics* served as the guide and primary bibliographic resource for this book. In the catalog of his collection, Gennadius singles out unique bindings, rarity of copies, and notorious provenances. He writes: "This section is fairly representative of the entire Library. A succinct review of its more prominent features will serve to give an idea of the whole. It is rich in historic an artistic binding, of which the most noteworthy, with arms, are the following: Louis XIV, Louis XVI, Cardinal Mazarin… In respect to styles of bindings, the following (not otherwise tabulated) may be quoted as specially noteworthy: undoubtedly original Aldine… noteworthy are also some bindings after Mr. Gennadius's own designs [Eustathius of Thessaloniki's Commentaries on Homer]. Books printed on vellum [Eustathius and others], silk India paper.

All the Great Greek Presses of the 15th, 16th and 17th centuries are numerously represented in this section… Without enumerating the copies of large paper, of which there are very many, reference may be made to the numerous books privately printed and to copies of books issued in very small number… No less noteworthy are the extra illustrated books, by a wealth of portraits and engravings [Pope]…

This section is remarkable for the unbroken series of the successive early editions of Homer (including the superb copy of the Editio princeps), Aeschylus, Euripides, Aristophanes … as also of the three consecutive issues of the Neohellenic version of the Iliad. Finally, reference may be made to books with manuscript notes, signatures dedications of scholars and men of eminence. Byron, Renouard, Guilford."

Gennadius provides thorough and methodical descriptions for each Homeric book, both

1 The *Greek Classics* collection is one of the most extensive in the Gennadius Library.

in terms of the edition and the copy. These serve as invaluable launching pads for broader bibliographic inquiries, spanning both general and specialized sources. Most noteworthy for this project have been the following: the Bibliology Workshop "Philippos Iliou," Library Hub Discover (catalogues of major libraries in the United Kingdom and Ireland), the CCFr Catalogue collectif de France, the OPAC SBN Catalogo del Servizio Bibliotecario Nazionale, the CERL - Heritage of the Printed Book Database, MEI (Material Evidence in Incunabula), the Incunabula Short Title Catalogue (ISTC), the CERL Thesaurus, Zephyros and Anemi, the Digital Library of Modern Greek Studies, and WorldCat.

The exhibition brought to light the routes and metamorphoses of the primary Homeric material in time and space under four headings: *Homeric epics and typography: beginnings and dispersion*, *Translations and paraphrases*, *Homeric epics: study, commentaries, and teaching*, and finally *Illustrating the Homeric editions*.

Unique treasures like the first edition of the Iliad and the Odyssey published in Florence in 1488 by the famous Greek scholar Demetrios Chalkokondyles, and the earliest paraphrase of the Iliad in modern Greek by Nikolaos Loukanis printed in Venice in 1526, were displayed next to English, French, Italian and Spanish translations showcasing the wide dissemination and reinterpretation of the Homeric text in its original form or in translation in Europe and North America. The textual material is magically interwoven with John Flaxman's Homeric illustrations and with quaint collages, a favorite practice of the Library's founder Joannes Gennadius, creating compositions that bring together separate components, in this case of word and image.

Irini Solomonidi

ὉΜΗΡΟΥ
ἸΛΙΑΣ καὶ ὈΔΥΣΣΕΙΑ,
Καὶ εἰς αὐτὰς σχόλια, ἢ ἐξήγησις
ΔΙΔΥΜΟΥ.
HOMERI
ILIAS & ODYSSEA.
DIDYMI.

CLASSIC LITERATURE.

I.-Collections.

II.-Poets.

Ιωάννης Γεννάδιος, "Δακτυλόγραφος κατάλογος Γενναδείου Βιβλιοθήκης. Έλληνες κλασσικοί, Μέρος I & III." Λονδίνο, 1922-1924, σελ. 42.

Joannes Gennadius, Typewritten Gennadius Library catalog. Greek classics, Part I & III. London, 1922-1924, p. 42.

Ομηρικά έπη και τυπογραφία:

αρχές και διασπορά

Homeric epics and typography:

beginnings and diffusion

Τα έργα του Ομήρου κατέχουν εξέχουσα θέση στη συλλογή του Ιωάννη Γενναδίου ως αρχετυπικά λογοτεχνικά αριστουργήματα. Η διάδοση των εκδόσεων των ομηρικών επών υπογραμμίζει τη βαθιά σημασία της *Ιλιάδας* και της *Οδύσσειας*, όχι μόνο στη σφαίρα της ελληνικής λογοτεχνίας, αλλά και στο ευρύτερο πλαίσιο της παγκόσμιας λογοτεχνίας. Ο Όμηρος θεωρείται ανέκαθεν ως ένας από τους σημαντικότερους ποιητές στην ιστορία. Τα ομηρικά έπη, που αρχικά μεταδόθηκαν προφορικά, πέρασαν σε γραπτή μορφή μεταξύ του 8ου και 6ου αιώνα π.Χ. Αυτή η μετάβαση, μαζί με την επακόλουθη εμφάνιση της παραγωγής χειρογράφων και την τυπογραφική επανάσταση, αντιπροσωπεύει τις δύο πρωταρχικές μεταμορφώσεις της αρχικής ομηρικής ύλης. Μέχρι τον 15ο αιώνα, το κείμενο μεταδιδόταν κυρίως μέσω παπύρων και μεσαιωνικών/βυζαντινών χειρογράφων. Η άλωση της Κωνσταντινούπολης το 1453 και η έξοδος Ελλήνων λογίων στη Δύση, και ιδιαίτερα στην Ιταλία, λειτούργησε ως μοχλός διάχυσης των ελληνικών κλασικών έργων. Με σημείο εκκίνησης τη Φλωρεντία (1488) και τη Βενετία (1504), οι εκδόσεις των ομηρικών επών από πρωτοπόρους τυπογράφους και σε επιμέλεια σημαντικών Ελλήνων λογίων, διασπείρονται σε όλη την Ευρώπη και αργότερα στη Βόρεια Αμερική. Εστιάζουμε εδώ στο έντυπο βιβλίο και εμβαθύνουμε στη δεύτερη φάση της ομηρικής μεταμόρφωσης: την τυπογραφία.

The works of Homer hold a prominent place in the collection of Joannes Gennadius as archetypical literary masterpieces. The dissemination of editions of the Homeric epics underscores the profound significance of the *Iliad* and the *Odyssey,* not only within the realm of Greek literature but also in the broader context of world literature. Homer has long been considered as one of the most influential poets in history. The Homeric epics, initially transmitted orally, underwent a transformative evolution into written form between the eighth to the sixth century BC. This transition, along with the subsequent advent of manuscript production and the printing revolution, represent the two primary metamorphoses of the original Homeric material. Until the 15th century, the text was predominantly transmitted through papyri and medieval/Byzantine manuscripts. The influx of Greek scholars to the West after the fall of Constantinople in 1453, coupled with the innovative efforts of pioneering printers, led to the production of remarkable Homeric editions across Europe and later North America, commencing with publications in Florence (1488) and Venice (1504). We focus here on the printed book and delve into the second phase of the Homeric metamorphosis through typography.

Ἡ τοῦ Ὁμήρου ποίησις ἅπασα ἐντυπωθεῖσα ἐν Φλωρεντίᾳ, ἀναλώμασι μὲν Βερνάρδου καὶ Νηρίου Ταναΐδος Νεριλίου Φλωρεντίνοιν, πόνῳ δὲ καὶ δεξιότητι Δημητρίου Μεδιολανέως, Κρητὸς ἔτει 1488 μηνὸς Δεκεμβρίου ἐνάτῃ. **Φλωρεντία: Δημήτριος Δαμιλάς και Bartolommeo di Libri, 1488-1489.**

Η πρώτη έκδοση (editio princeps) των έργων του Ομήρου πραγματοποιήθηκε στη Φλωρεντία το 1488 από τον κορυφαίο Έλληνα λόγιο Δημήτριο Χαλκοκονδύλη (1423-1511) και από τον τυπογράφο Bartolommeo di Libri (fl. 1482-1511) με δαπάνη των αδελφών Nerli. Τα τυπογραφικά στοιχεία που χρησιμοποιήθηκαν φτιάχτηκαν από τις μήτρες που έφερε ο τυπογράφος Δημήτριος Δαμιλάς (ή Δημήτριος ο Κρης, 15ος αιώνας) από το Μιλάνο στη Φλωρεντία. Το αντίτυπο ανήκε στη συλλογή του κόμη του Pembroke (1656 - 1733) και αποκτήθηκε το 1914 σε πολύ υψηλή τιμή από τον Ιωάννη Γεννάδιο. Ήταν το πιο ακριβό απόκτημα της συλλογής του.

The first edition (editio princeps) of Homer's works appeared in Florence in 1488; it was edited by the leading Greek scholar Demetrios Chalkokondyles (1423-1511) and printed by the printer Bartolommeo di Libri (fl. 1482-1511) at the expense of the Nerli brothers. The typographic characters used were made from the dies brought by Demetrius Damilas (or Demetrius the Cretan, 15th century) from Milan to Florence. The copy belonged to the collection of the Earl of Pembroke (1656 - 1733). Joannes Gennadius managed to acquire it in 1914 at a remarkably high price. It was the most expensive book he ever bought.

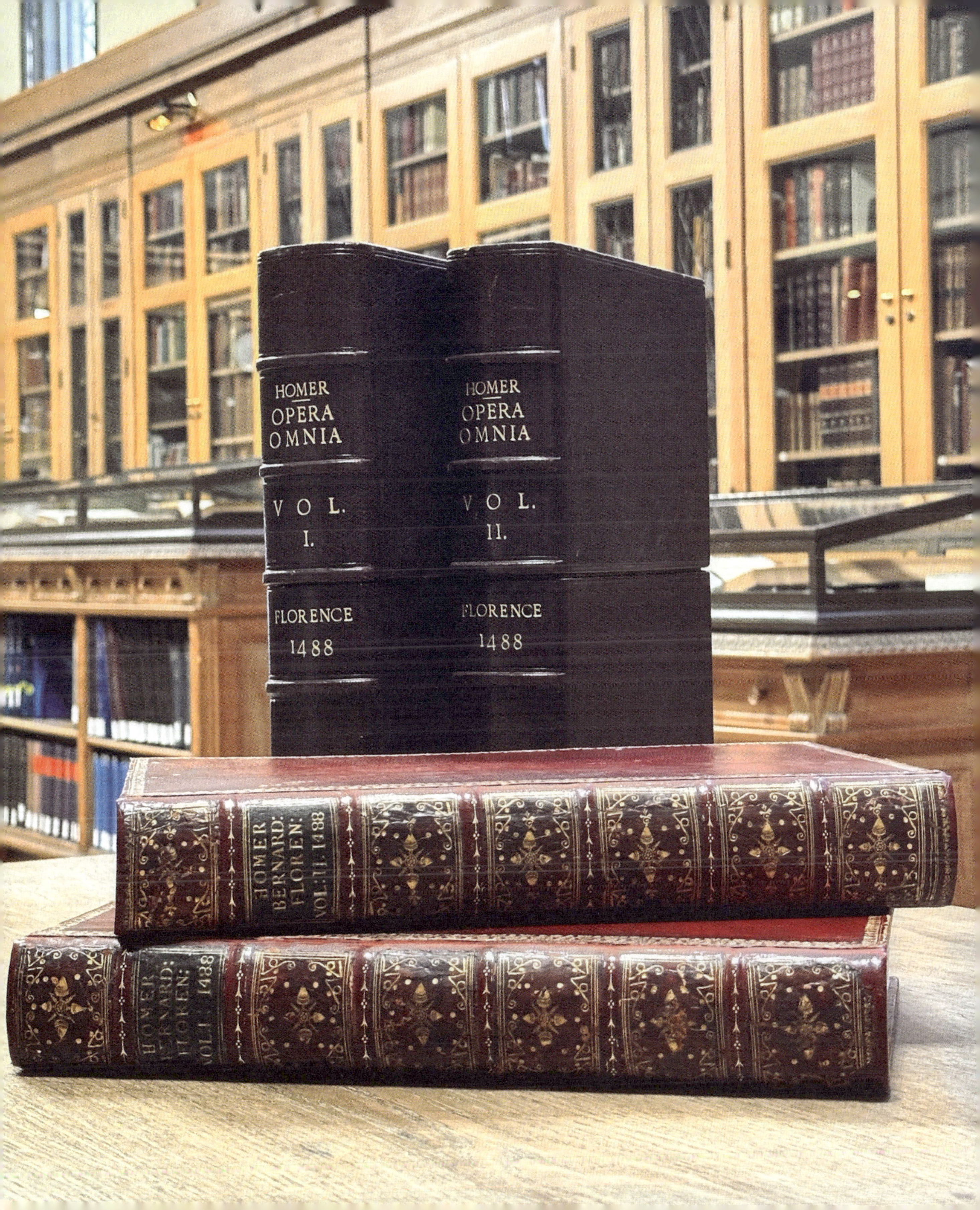
HOMER
OPERA
OMNIA
VOL.
I.
FLORENCE
1488
HOMER
OPERA
OMNIA
VOL.
II.
FLORENCE
1488
HOMER
BERNARD:
FLOREN:
VOL: II. 1488
HOMER
BERNARD:
FLOREN:
VOL: I. 1488

Ὁμήρου Ἰλιάς. Homeri Ilias. Ὀδύσσεια, Βατραχομυομαχία. Ὕμνοι λβ΄. Ulyssea, Batrachomyomachia. Hymni XXXII. Venetiis: Aldus, M. D. IIII [1504].

Πρώτη από τις τρεις διαδοχικές δίτομες εκδόσεις των ομηρικών επών από το γνωστό Ιταλό ουμανιστή τυπογράφο Άλδο Μανούτιο (1452 -1515). Το κείμενο αναπαράγει σε μεγάλο βαθμό αυτό της πρώτης έκδοσης (editio princeps) του 1488 και είναι τυπωμένο σε, πρωτοποριακή για την εποχή, μορφή βιβλίου τσέπης. Το αντίτυπο της Γενναδείου έχει αρχική «αλδινή» βιβλιοδεσία.

First of the three consecutive two-volume editions of the Homeric epics by the well-known Italian humanist printer Aldo Manuzio (1452 -1515). The text reproduces, to a considerable extent, that of the first edition (editio princeps) of 1488 and is printed in a handy pocket format. Copy with original Aldine binding.

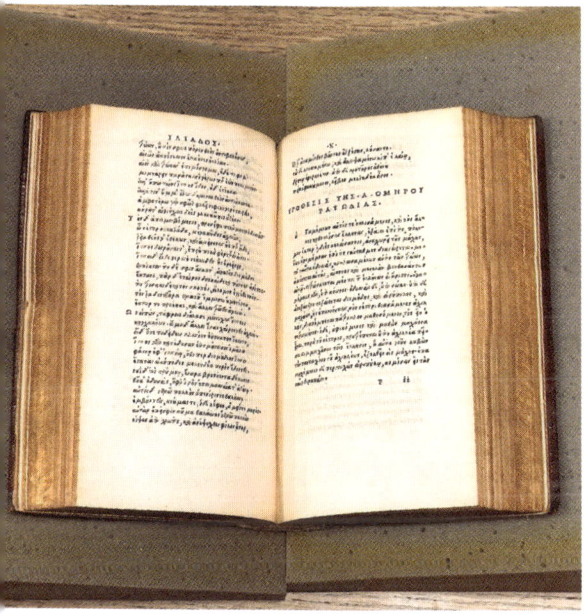

Δεύτερη έκδοση των ομηρικών επών από τον Άλδο Μανούτιο. Σύμφωνα με το Γάλλο βιβλιογράφο Jacques-Charles Brunet (1780-1867), η καλύτερη και σπανιότερη από τις τρεις εκδόσεις του Μανούτιου.

Second edition of the Homeric epics by Aldo Manuzio. According to the French bibliographer Jacques-Charles Brunet (1780-1867), the best and rarest of the three editions.

Ὁμήρου Ἰλιάς. Homeri Ilias. Ὀδύσσεια, Βατραχομυομαχία. Ὕμνοι λβ΄. Ulyssea, Batrachomyomachia. Hymni XXXII. **Venetiis: in aedibus Aldi et Andreae Asulani soceri, 1517.**

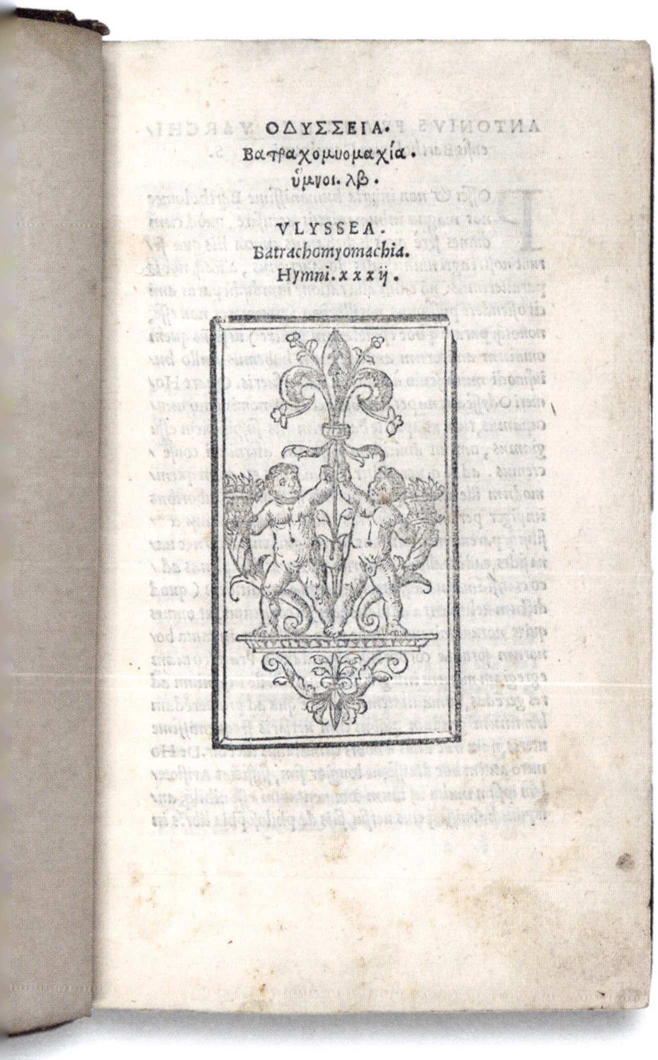

Ὁμήρου Ἰλιάς. Homeri Ilias. Ὀδύσσεια, Βατραχομυομαχία. Ὕμνοι λβ΄. Ulyssea, Batrachomyomachia. Hymni XXXII. Florentiae: in aedibus haeredum Philippi Juntae, 1519.

Σπάνια έκδοση των ομηρικών επών βασισμένη στη δεύτερη έκδοση του Άλδου Μανούτιου. Τυπώθηκε στη Φλωρεντία στο τυπογραφείο των κληρονόμων του Filippo Giunti (1450–1517).

Rare edition of the Homeric epics based on Aldo Manuzio's second edition. Printed in Florence at the press of the heirs of Filippo Giunti (1450–1517).

ΟΜΗΡΟΥ

ΙΛΙΑΔΟΣ ΒΙΒΛΟΙ

Α. καὶ Β.

HOMERI ILIADOS LIB.

I. ET II.

Σπάνια έκδοση των ομηρικών επών βασισμένη στη δεύτερη έκδοση του Άλδου Μανούτιου. Τυπώθηκε στο Λέβεν από τον Thierry Martens (ή Dirk Martens, 1446 ή 1447 - 1534) στο πρώτο ελληνικό τυπογραφείο του Βελγίου.

Rare edition of the Homeric epics based on Aldo Manuzio's second edition. Printed in Louvain by Thierry Martens (or Dirk Martens, 1446 or 1447 - 1534) in Belgium's first Greek printing house.

***Ὁμήρου Ἰλιάδος βίβλοι Α' καὶ Β. Homeri Iliados lib. I et II. Ὀδύσσεια. Βατραχομυομαχία. Ὕμνοι λβ'. Ulyssea. Batrachomyomachia. Hymni XXXII*. Lovanii: Th. Martin, 1523.**

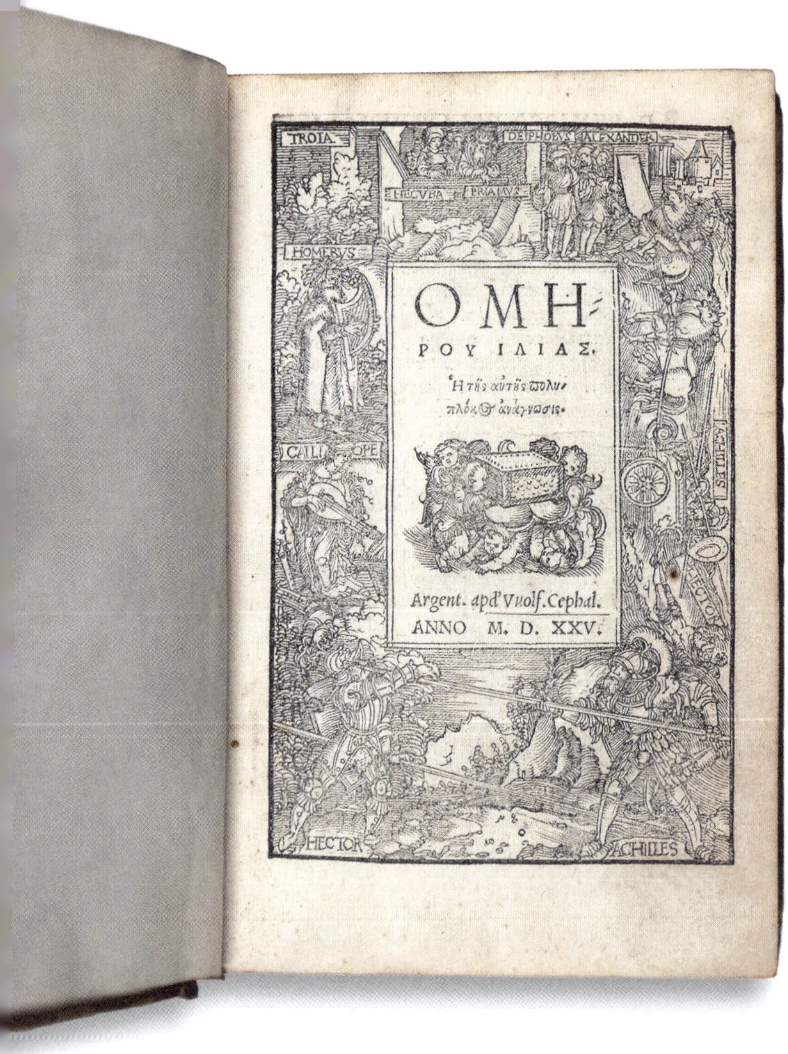

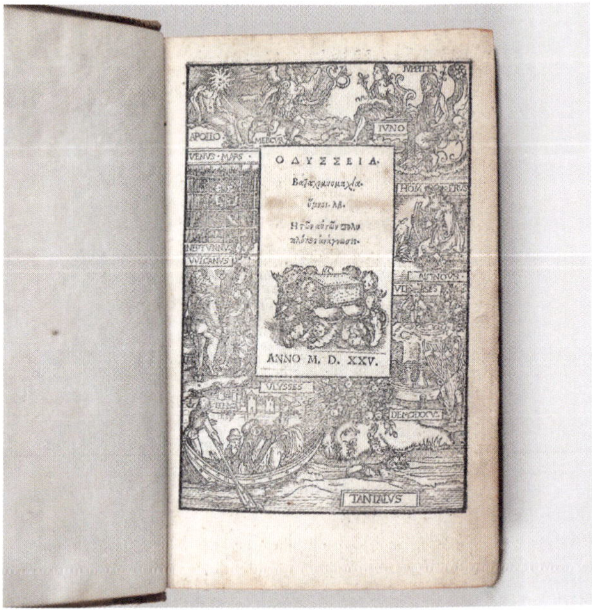

Ὁμήρου Ἰλιάς. Ἡ τῆς αὐτῆς πολυπλόκος ἀνάγνωσις. Ὀδύσσεια. Βατραχομυομαχία. Ὕμνοι λβ΄. Ἡ τῶν αὐτῶν πολυπλόκος ἀνάγνωσις... ἐκτύπωται ἐν Ἀργεντοράτῳ παρὰ Βολφίῳ τῷ Κεφαλαίῳ. **Argent: apd' Vuolf. Cephal, 1525.**

Έκδοση των ομηρικών επών βασισμένη στις τρεις εκδόσεις του Άλδου Μανούτιου και στην πρώτη έκδοση (editio princeps) του 1488. Τυπώθηκε στο Στρασβούργο από τον Wolfgang Köpfel (fl.1522-1554).

Edition of the Homeric epics based on Aldo Manuzio's three editions and the first edition (editio princeps) of 1488. Printed in Strasbourg by Wolfgang Köpfel (fl. 1522-1554).

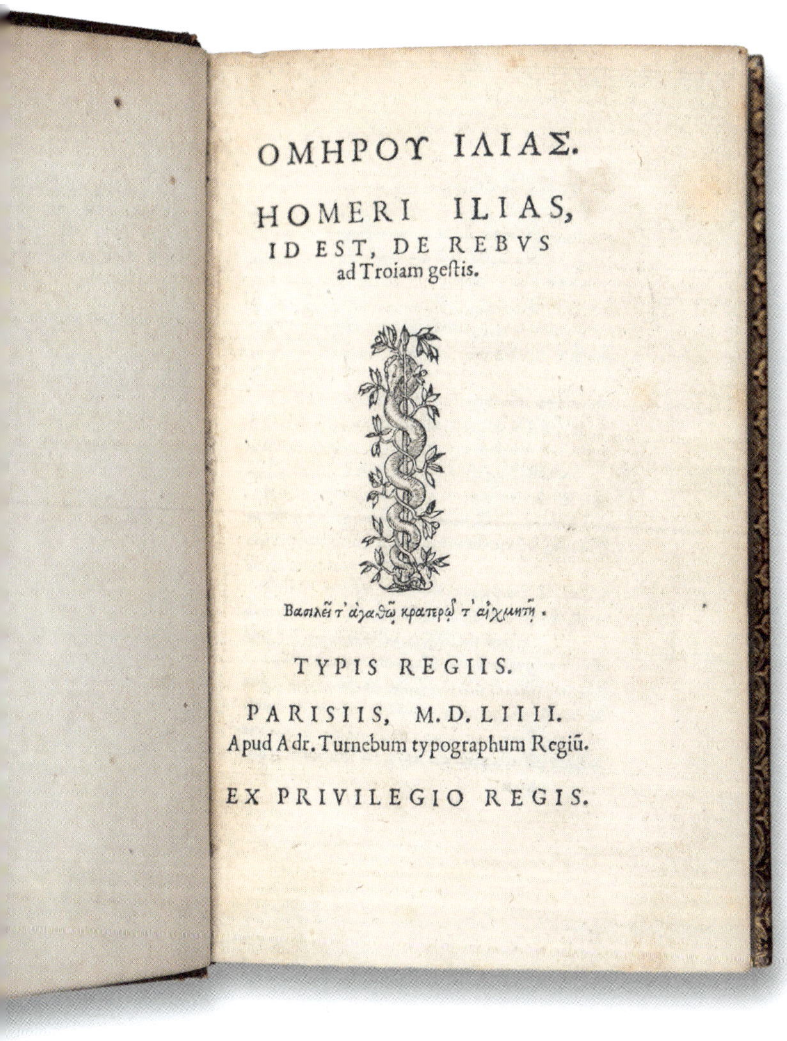

Η πρώτη πλήρης έκδοση της *Ιλιάδας* στη Γαλλία. Τυπώθηκε στο Παρίσι από τον Adrien Turnèbe (1512-1565) με μικρούς χαρακτήρες της γραμματοσειράς γνωστής ως «τα ελληνικά του Βασιλιά».

The first complete edition of the *Iliad* in France. Printed in Paris by Adrien Turnèbe (1512-1565). Admirable Greek miniscule types known as "les grecs du Roi."

Ὁμήρου Ἰλιάς. Homeri Ilias, id est, De rebus ad Troiam gestis. **Parisiis: Typis regiis, apud Adr. Turnebum, 1554.**

Γ' ΙΛΙΑΔΟΣ ΟΜΗΡΟΥ Η Α ΡΑΨΩΔΙΑ.

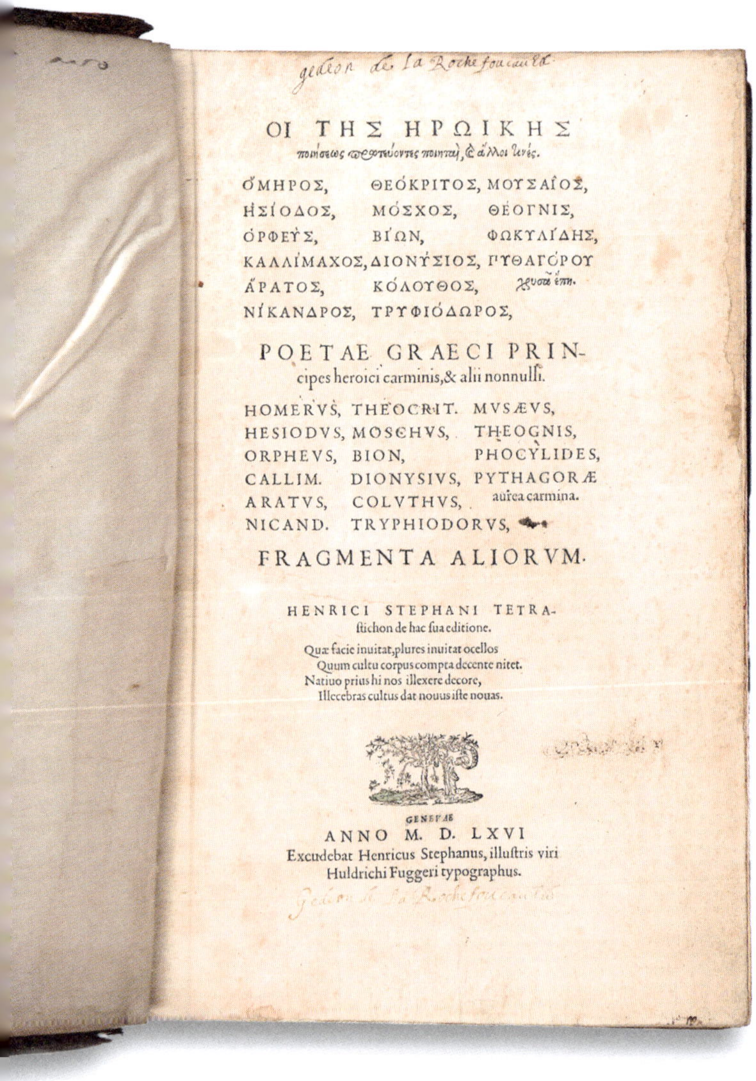

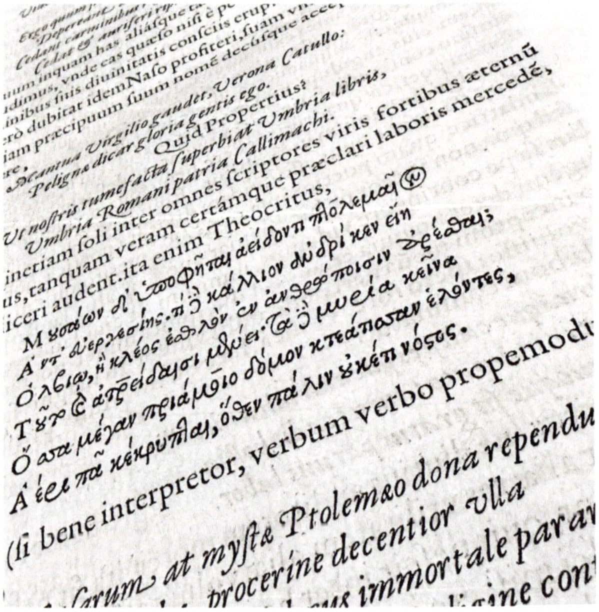

Οἱ τῆς ἡρωϊκῆς ποιήσεως πρωτεύοντες ποιηταί, καὶ ἄλλοι τινές. Poetae graeci principes heroici carminis, & alii nonnulli. **[Genève]: Excudebat Henricus Stephanus, illustris viri Huldrichi Fuggeri typographus, 1566.**

Μνημειώδης έκδοση με έργα της αρχαίας ελληνικής ποίησης από το Γάλλο τυπογράφο, φιλόλογο, ελληνιστή και ουμανιστή Ερρίκο Στέφανο/Henri Estienne (Henricus Stephanus, 1531-1598). Ένα σημαντικότατο έργο για την ομηρική γραμματεία.

Monumental edition with works of ancient Greek poetry by the French printer, philologist, Hellenist, and humanist Henri Estienne (Henricus Stephanus, 1531-1598). An especially important work for Homeric literature.

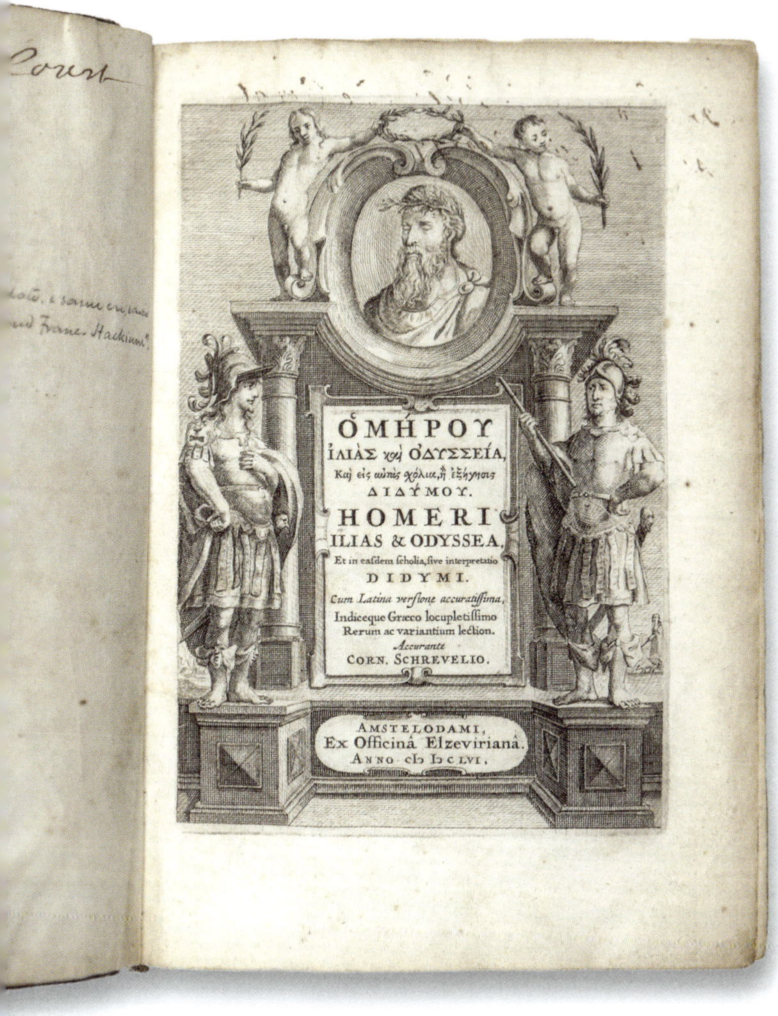
ΟΜΗΡΟΥ
ΙΛΙΑΣ καὶ ΟΔΥΣΣΕΙΑ,
Καὶ εἰς αὐτὰς σχόλια, ἢ ἐξήγησις
ΔΙΔΥΜΟΥ.
HOMERI
ILIAS & ODYSSEA,
Et in easdem scholia, sive interpretatio
DIDYMI.
Cum Latina versione accuratissima,
Indiceque Græco locupletissimo
Rerum ac variantium lection.
Accurante
CORN. SCHREVELIO.
AMSTELODAMI,
Ex Officinâ Elzevirianâ.
ANNO clɔ Iɔ CLVI.

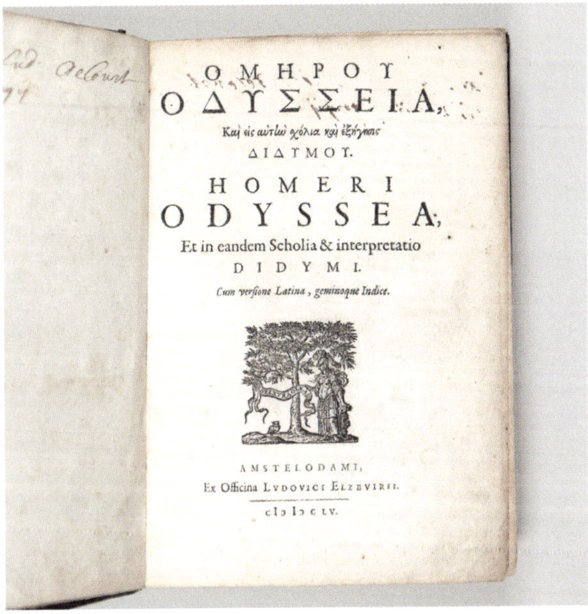
ΟΜΗΡΟΥ
ΟΔΥΣΣΕΙΑ,
Καὶ εἰς αὐτὴν σχόλια καὶ ἐξήγησις
ΔΙΔΥΜΟΥ.
HOMERI
ODYSSEA,
Et in eandem Scholia & interpretatio
DIDYMI.
Cum versione Latina, geminoque Indice.
AMSTELODAMI,
Ex Officina LUDOVICI ELZEVIRII.
clɔ Iɔ c LV.

***Ὁμήρου Ἰλιὰς καὶ Ὀδύσσεια, καὶ εἰς αὐτὰς σχόλια, ἤ, Ἐξήγησις Διδύμου.* Homeri Ilias & Odyssea, et in easdem scholia, sive interpretatio Didymi. Amstelodami: ex officina Elzeviriana, 1655-1656.**

Έκδοση που τυπώθηκε στο Άμστερνταμ από τον εκδοτικό οίκο της οικογένειας τυπογράφων Elzevir (Officina Elzeviriana, 1593-1712). Αντίτυπο με οικόσημο του Λουδοβίκου 14ου.

Edition printed in Amsterdam by the printing house of the Elzevir family (Officina Elzeviriana, 1593-1712). Copy with coat of arms of Louis XIV.

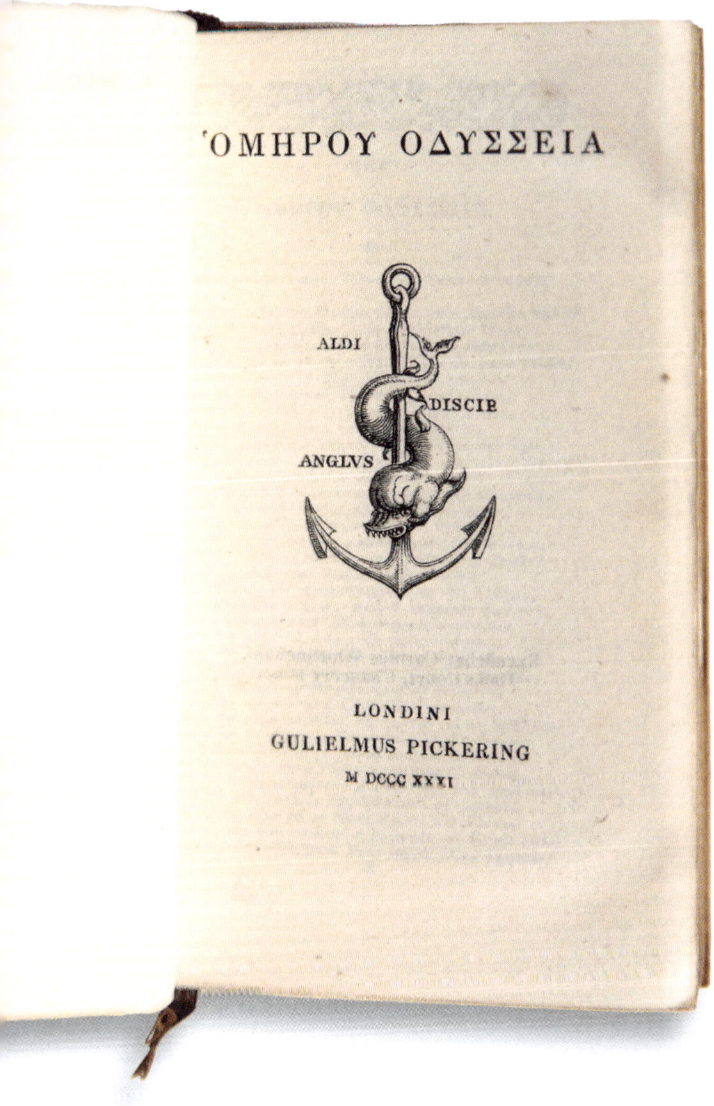

Ὁμήρου Ἰλιάς. Ὁμήρου Ὀδύσσεια. Londini: Gulielmus Pickering, 1831.

Έκδοση μινιατούρα των ομηρικών επών. Τυπώθηκε στο Λονδίνο από τον Άγγλο εκδότη και βιβλιοπώλη William Pickering (1796 -1854). Αντίτυπο τυπωμένο σε περγαμηνή.

Miniature edition of the Homeric epics. Printed in London by the English publisher and bookseller William Pickering (1796 -1854). Copy printed on parchment.

***Ὁμήρου Ἰλιάς*. *The Iliad of Homer*, from the text of Wolf, with English notes and Flaxman's designs. Edited by C. C. Felton. Boston: Hilliard, Fray, 1837.**

Έκδοση της *Ιλιάδας* από τον Cornelius Conway Felton (1807-1862), καθηγητή ελληνικής λογοτεχνίας και πρόεδρο του Πανεπιστημίου Χάρβαρντ. Ήταν από τους πρώτους που επιμελήθηκαν κείμενα Ελλήνων συγγραφέων για Αμερικανούς φοιτητές. Το έργο έχει εικονογραφήσεις του John Flaxman και τυπώθηκε στη Βοστώνη.

Edition of the *Iliad* by Cornelius Conway Felton (1807-1862), professor of Greek literature and president of Harvard University. He was among the first to edit Greek authors for American college students. The work has illustrations of John Flaxman and was printed in Boston.

Μεταφράσεις και παραφράσεις

Translations and paraphrases

ايلياد

Iliade

ألك اسكى يونان شاعرى (اومهر : Homère) ك

ئەپوپەسى

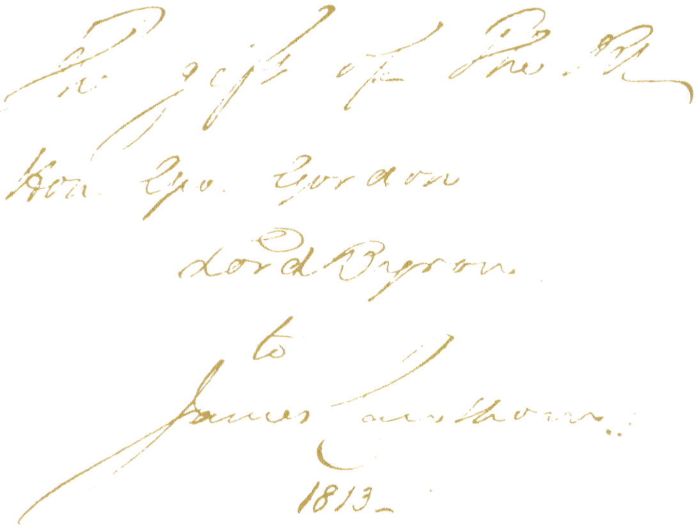

Η μετάφραση και η προσαρμογή των κειμένων μετουσιώνουν την ομηρική επική ποίηση σε άλλες γλώσσες. Εκτός από τις λατινικές μεταφράσεις, το 16ο αιώνα εκδίδονται μεταφράσεις και παραφράσεις σε πολλές ευρωπαϊκές γλώσσες. Η ιστορία των πρώτων μεταφράσεων της ομηρικής ποίησης στις κυριότερες ευρωπαϊκές γλώσσες είναι συναρπαστική, καθώς αποκαλύπτει τις πολιτικές και πολιτιστικές αλλαγές στην Ευρώπη του 16ου αιώνα. Η ευρεία κυκλοφορία ομηρικών εκδόσεων δημιούργησε την ανάγκη μετάφρασής τους από την αρχαία ελληνική γλώσσα σε σύγχρονα ιδιώματα· οι μεταφράσεις αυτές αποτελούν πολύτιμη πηγή για τη γλωσσολογική έρευνα. Στους επόμενους αιώνες η πρακτική αυτή γίνεται φορέας έκφρασης πολιτισμικών και πολιτικών χαρακτηριστικών των νεοσύστατων ευρωπαϊκών εθνών σε συγκεκριμένες χρονικές περιόδους.
Εκτός από τις σημαντικές μεταφράσεις του Ομήρου στα νέα ελληνικά, γαλλικά, γερμανικά, ισπανικά και ιταλικά, που παρουσιάζονται σε αυτή την ενότητα, ιδιαίτερο ενδιαφέρον έχουν η μετάφραση της *Βατραχομυομαχίας* στο κρητικό ιδίωμα, η συντομευμένη τουρκική *Ιλιάδα* και μια γλωσσική μελέτη για τη σχέση ομηρικής και σλαβικής γλώσσας.

The translations and adaptations of Homer's texts into other languages did not just transform the material; they made Homer more accessible to a wider audience. In addition to the Latin translations, the tale of the first translations of Homer's poetry into major European languages is fascinating because it reflects the political and cultural shifts in Europe during the 16th century. As more printed copies of Homer's epics became available, more scholars tried to translate Homer's Greek into modern European languages. These new versions were crucial for language studies and for spreading Homer's epics throughout Europe. Over the following centuries, this practice became a means of expressing the cultural and political aspirations of the newly established European nations at different points in time.
In addition to the major translations of Homer in Modern Greek, French, German, Spanish, and Italian, highlighted in this section, there are a few other interesting ones to note. For example, the translation of the *Vatrachomyomachia* into the Cretan idiom, the abridged Turkish *Iliad* and a linguistic study delving into the connections between Homeric and Slavic languages.

ἤρχοντο κατὰ ἑλλήνων, μὲ πολλὴν βοὴν καὶ ὕβριν·
ἴδεν πρόβατα καὶ αἶγας, κεκλεισμένας εἰς τὴν μάνδραν·
καὶ τὸ γάλ' ἀμελγομένας, συνεχῶς βοῶσι πᾶσαι·
οὕτως οἱ κακοὶ οἱ τρῶες, μὲ κραυγῆς ἤρχοντο τότε·
ἀφ' οὗ δὲ αἱ δύο στρατεῖαι, τῶν ἑλλήνων καὶ τῶν τρώων·
ἐπλησίασαν ἀλλήλων, τότ' ἐγένετο φρικώδης·
ἡ ἀνάμιξις ἐκείνη, ἀμφοτέρων τοῦ πολέμου·

***Ὁμήρου Ἰλιὰς μεταβληθεῖσα πάλαι εἰς κοινὴν γλῶσσαν, νῦν δὲ διορθωθεῖσα... παρά* Νικολάου τοῦ Λουκάνου. Venetia: Stefano Da Sabio, 1526.**

Συντομευμένη παράφραση της *Ιλιάδας* από το Νικόλαο Λουκάνη, Έλληνα λόγιο του 16ου αιώνα, βασισμένη σε βυζαντινή παράφραση του 14ου αιώνα από τον Κωνσταντίνο Ερμονιακό. Η έκδοση κοσμείται από 138 ξυλογραφίες που πέρασαν από τυπογραφείο σε τυπογραφείο και χρησιμοποιήθηκαν για την εικονογράφηση δημωδών μυθιστοριών. Το έργο τυπώθηκε στη Βενετία το 1526 από τον ουμανιστή τυπογράφο και εκδότη Stefano Nicolini da Sabbio (1512-1564). Στη συλλογή του Ιωάννη Γενναδίου υπάρχουν επίσης αντίτυπα από δύο μεταγενέστερες εκδόσεις του 1603 και του 1640 από το γνωστό ενετικό τυπογραφείο της οικογένειας Pinelli. Ένα από τα αντίτυπα ανήκε στο Λόρδο Βύρωνα.

Abridged paraphrase of the *Iliad* by the 16th-century Greek scholar Nikolaos Loukanis, based on the 14th-century Byzantine paraphrase by Konstantinos Hermoniacos. 138 woodcuts illustrate the edition; these woodcuts were passed from printer to printer and were used to illustrate editions of vernacular Greek novels. The work was printed in Venice in 1526 by the humanist printer and publisher Stefano Nicolini da Sabbio (1512-1564). In the collection of Joannes Gennadius there are copies of two later editions of 1603 and 1640 printed in the famous Venetian printing press of the Pinelli family. One of the copies belonged to Lord Byron.

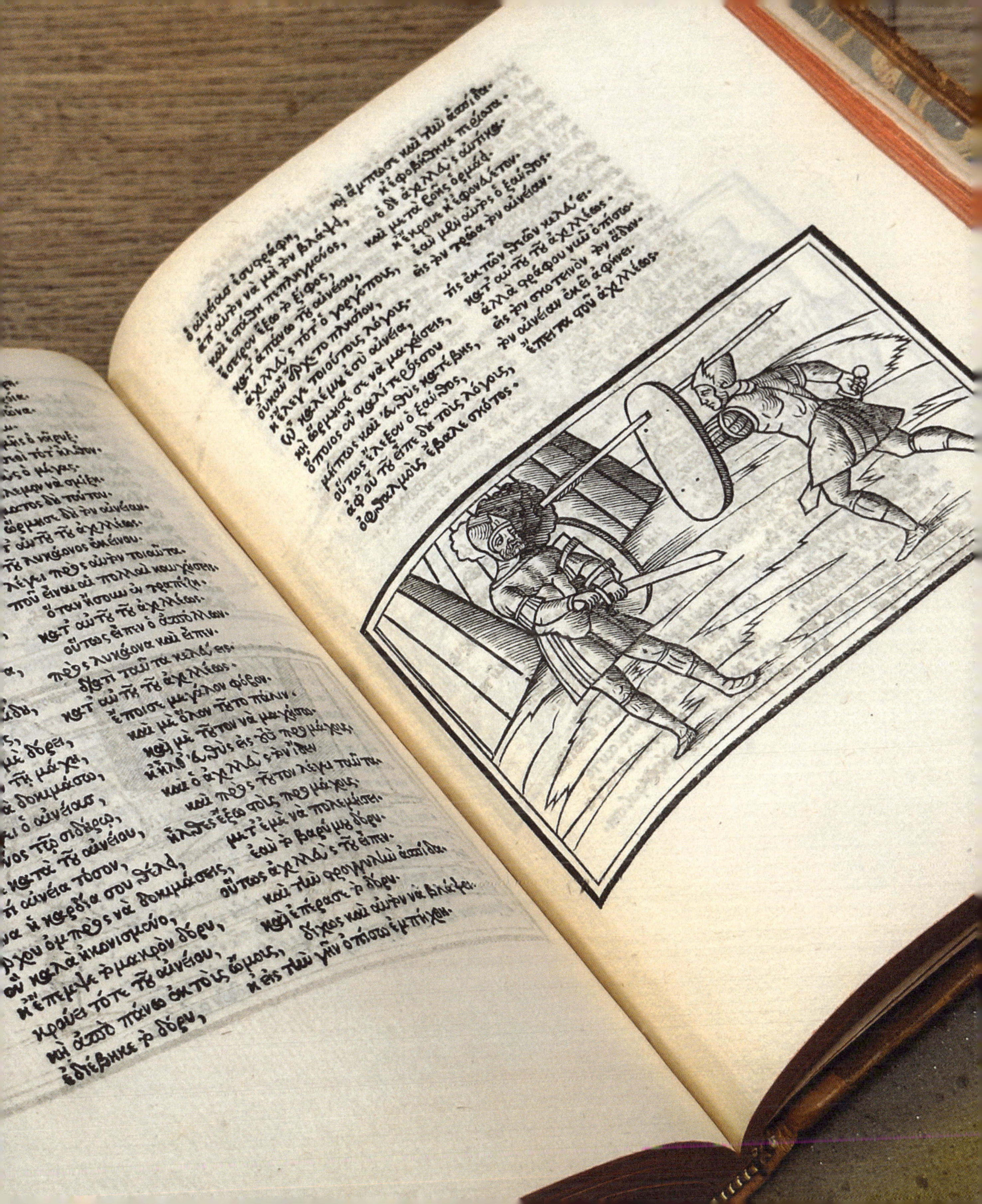

IL PRIMO
LIBRO DE LA ILIADE
D'HOMERO,
TRADOTTA DI GRECO IN
VOLGARE PER M.
FRANCESCO
GVSSANO.

IN VENETIA PER COMIN DA
TRINO DI MONFERRATO
L'ANNO M D XLIIII.

***Il Primo libro de la Iliade d'Homero tradotto di greco in volgare per M. Francesco Gussano*. In Venetia: per Comin da Trino di Monferrato, 1544.**

Η πρώτη ιταλική μετάφραση τμήματος των ομηρικών επών έγινε από τον Francesco Gussano (16ος αιώνας). Πρόκειται για την πρώτη ραψωδία της *Ιλιάδας* και τυπώθηκε στη Βενετία από τον Comin da Trino di Monferrato (fl. 1539-1574).

The first Italian translation of part of the Homeric epics by Francesco Gussano (16th century). It is the first book of the *Iliad* and was printed in Venice by Comin da Trino di Monferrato (fl. 1539-1574).

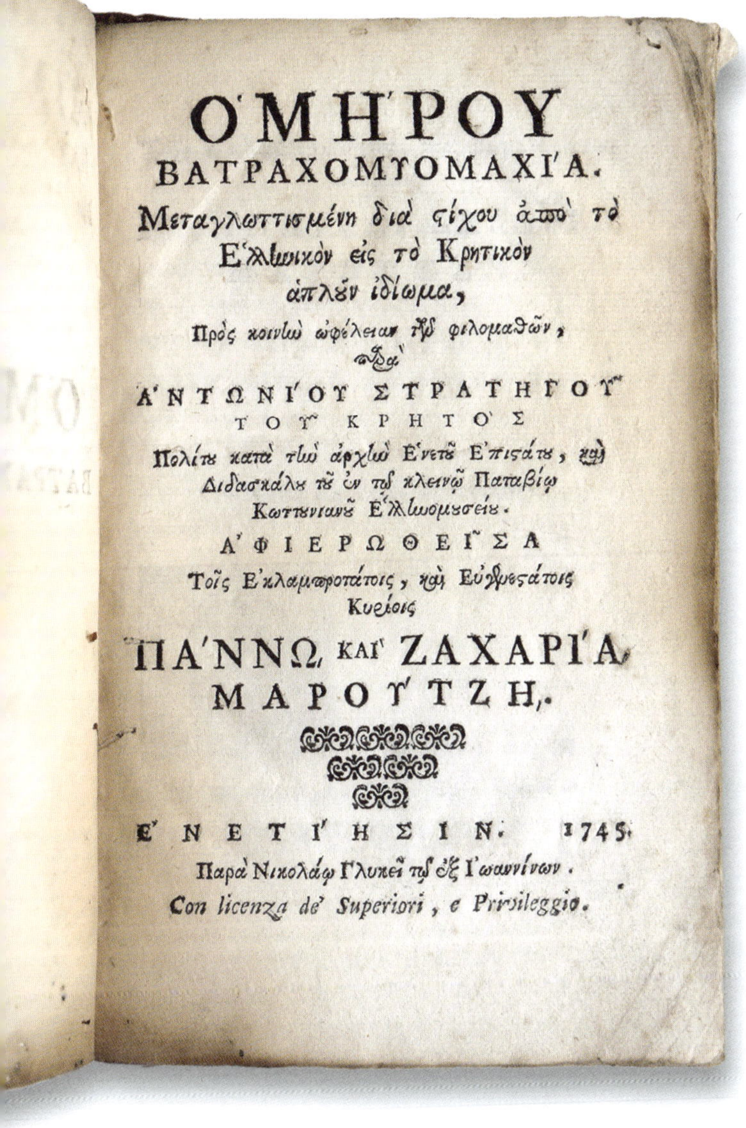

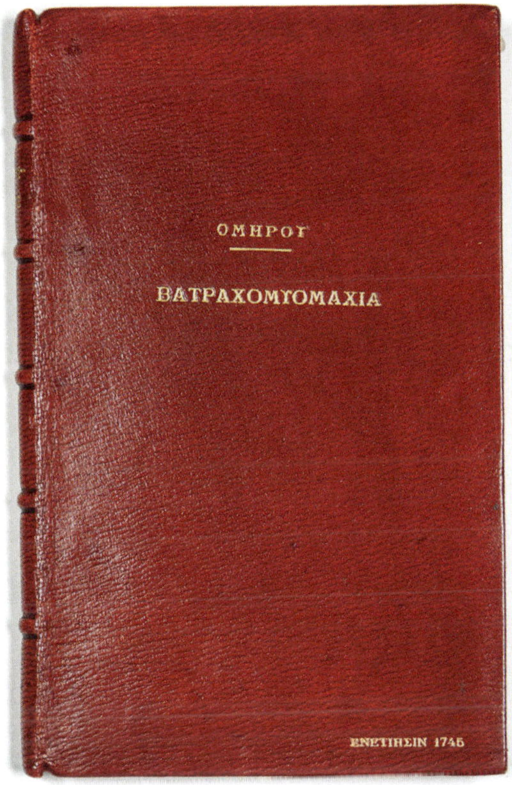

Μετάφραση της *Βατραχομυομαχίας* στο κρητικό ιδίωμα από τον Κερκυραίο λόγιο Αντώνιο Στρατηγό (1692-1758), με καταγωγή από την Κρήτη και διευθυντή του Κωττουνιανού Κολλεγίου στην Πάδοβα. Τυπώθηκε στη Βενετία στο ελληνικό τυπογραφείο του Νικολάου Γλυκύ.

Translation of the *Vatrachomyomachia* into the Cretan idiom by the Corphiote scholar Antonios Strategos (1692-1758), originally from a Cretan family and director of the Cottunian College in Padova. Printed in Venice at the Greek printing house of Nikolaos Glykis.

***Ὁμήρου Βατραχομυομαχία, μεταγλωττισμένη διὰ στίχου ἀπὸ τὸ ἑλληνικὸν εἰς τὸ κρητικὸν ἁπλοῦν ἰδίωμα,*... παρὰ Ἀντωνίου Στρατηγοῦ τοῦ Κρητὸς πολίτου κατὰ τὴν ἀρχὴν Ἐνετοῦ ἐπιστάτου καὶ διδασκάλου τοῦ ἐν τῷ κλεινῷ Παταβίῳ Κωττουνιανοῦ ἑλληνομουσείου. Ἐνετίησιν: τύπ. Γλυκύς, Νικόλαος (ὁ ἐξ Ἰωαννίνων), 1745.**

***L'Ulisse di M. Lodovico Dolce da lui tratto dall' Odissea d'Homero et ridotto in ottava rima ... con argumenti et allegorie a ciascun canto*. In Vinegia: appreso Gabriel Giolito de' Ferrari, 1573.**

Ιταλική μετάφραση της *Οδύσσειας* σε οκτάβες (ottava rima) από το Βενετό ουμανιστή συγγραφέα Lodovico Dolce (1508-1568). Τυπώθηκε στη Βενετία από τον Gabriele Giolito de' Ferrari (1508 -1578), έναν από τους πρώτους μεγάλους εκδότες λογοτεχνίας στην ιταλική γλώσσα.

Italian translation of the *Odyssey* in octaves (ottava rima) by the Venetian humanist author Lodovico Dolce (1508-1568). Printed in Venice by Gabriele Giolito de' Ferrari (1508-1568), one of the first major publishers of literature in the Italian language.

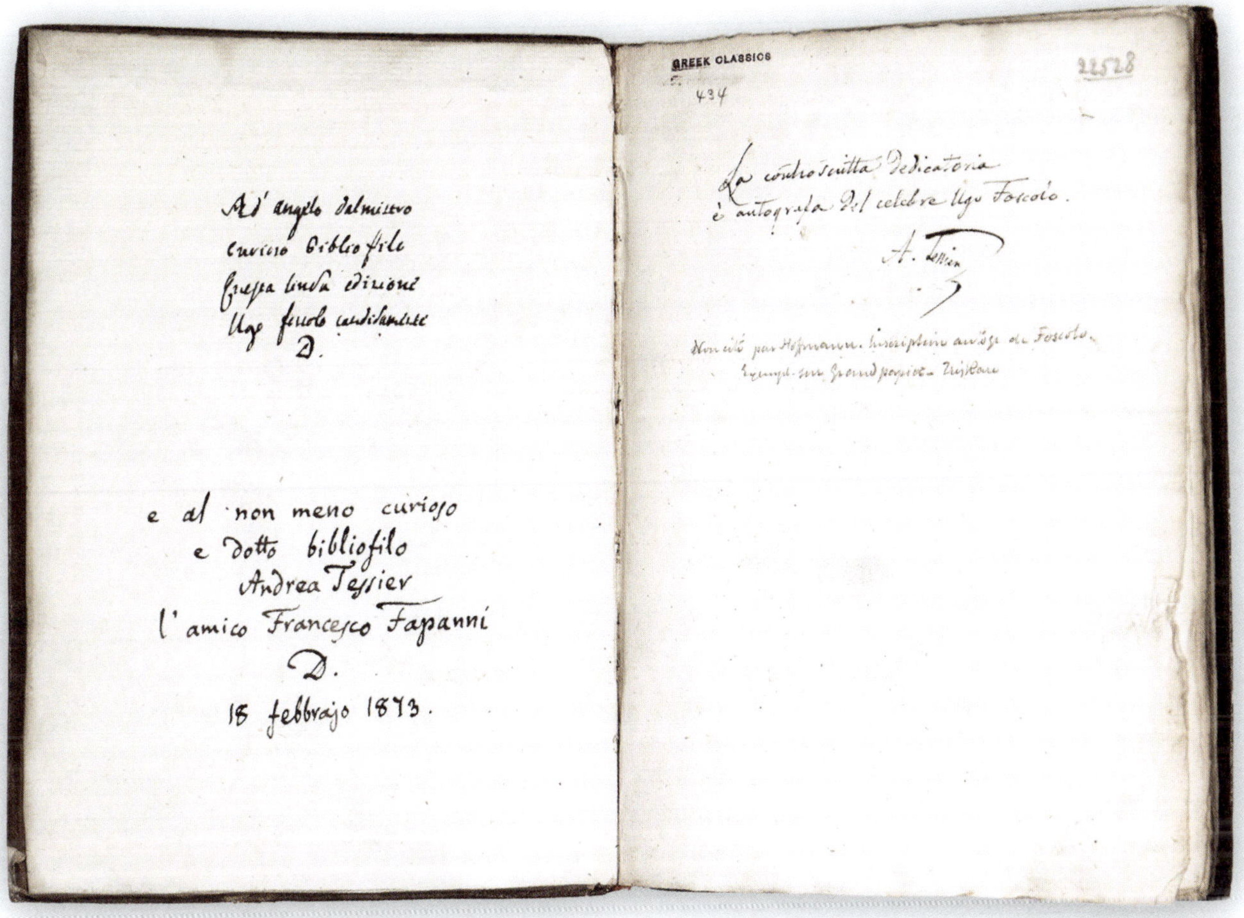

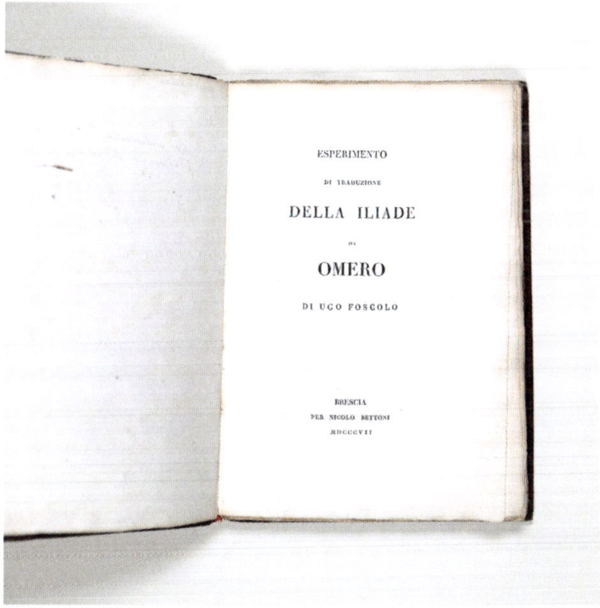

«Πειραματική» μεταφραστική προσπάθεια της *Ιλιάδας* από τον Ιταλό ποιητή Ugo Foscolo (1778 - 1827). Τυπώθηκε στη Μπρέσια από το Nicolo Bettoni (1770 -1842). Αντίτυπο με αυτόγραφη αφιέρωση του Foscolo.

"Experimental" Italian translation of the *Iliad* by the Italian poet Ugo Foscolo (1778 - 1827). Printed in Brescia by Nicolo Bettoni (1770 -1842). The copy has Foscolo's autograph presentation.

Esperimento di traduzione della Iliade di Omero
di Ugo Foscolo.
Brescia: Per Nicolo Bettoni, 1807.

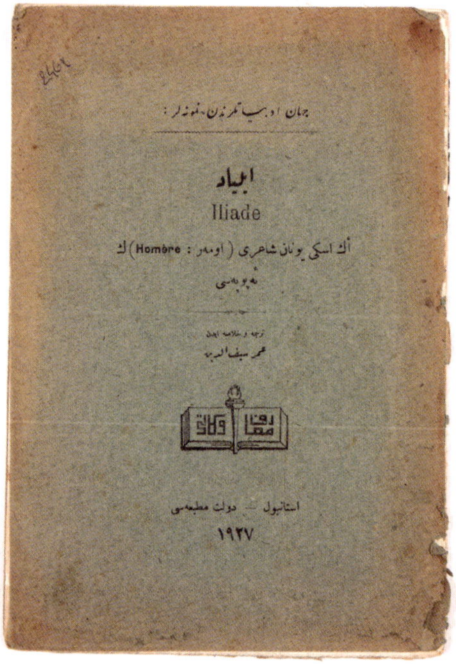

***Odysseae Homeri libri XXIIII Raphaële Regio Volaterrano interprete. Eiusdem Batrachomyomachia, Aldo Manutio, & Hymni deorum, Iodoco Velaraeo interpretib. Item, Herodoti Halicarnassei libellus De uita Homeri per Conradum Heresbachium Latinitate donatus.* Lugduni: Apud Seb. Gryphium, 1541.**

Λατινική μετάφραση της *Οδύσσειας* από τον Ιταλό ουμανιστή Raffaello Maffei (1451 - 1522). Τυπώθηκε στη Λυών από το Γερμανό ουμανιστή τυπογράφο Sebastian Gryphius (1492-1556).

Latin translation of the *Odyssey* by the Italian humanist Raffaello Maffei (1451 - 1522). Printed in Lyon by the German humanist printer Sebastian Gryphius (or Sébastien Gryphe, 1492-1556).

***Iliyad = Iliade: en eski Yunan şâirleri (Omer: Homère)'in epopesi tercüme ve hülâsa eden* Ömer Seyfeddin. Istanbul: Devlet Matbaası, 1927.**

Τουρκική μετάφραση της περίληψης της *Ιλιάδας* από τον Τούρκο συγγραφέα Ömer Seyfeddin (1884-1920). Τυπώθηκε στην Κωνσταντινούπολη από το Κρατικό Τυπογραφείο.

Turkish translation of the summary of the *Iliad* by the Turkish writer Ömer Seyfeddin (1884-1920). Printed in Istanbul by the State Printing House.

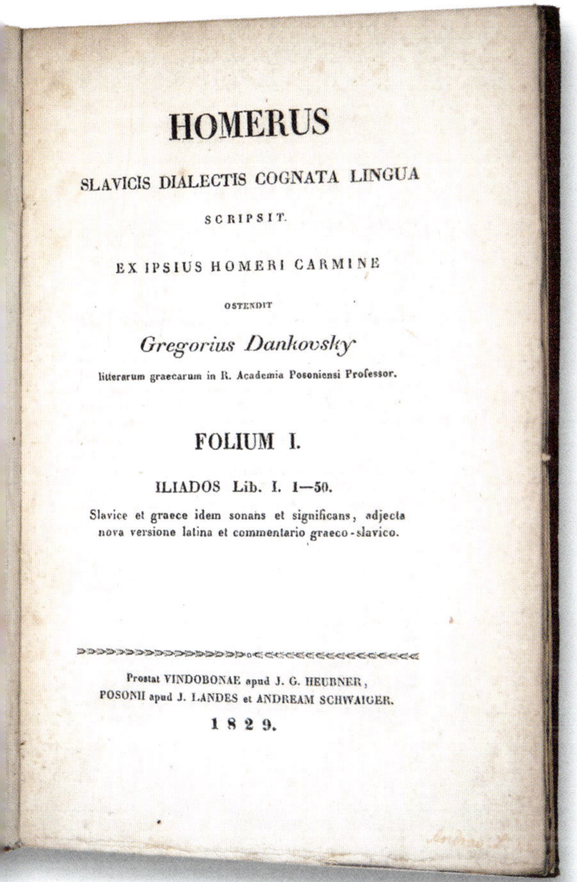
HOMERUS
SLAVICIS DIALECTIS COGNATA LINGUA
SCRIPSIT.
EX IPSIUS HOMERI CARMINE
OSTENDIT
Gregorius Dankovsky
litterarum graecarum in R. Academia Posoniensi Professor.
FOLIUM I.
ILIADOS Lib. I. 1—50.
Slavice et graece idem sonans et significans, adjecta nova versione latina et commentario graeco-slavico.
Prostat VINDOBONAE apud J. G. HEUBNER,
POSONII apud J. LANDES et ANDREAM SCHWAIGER.
1829.

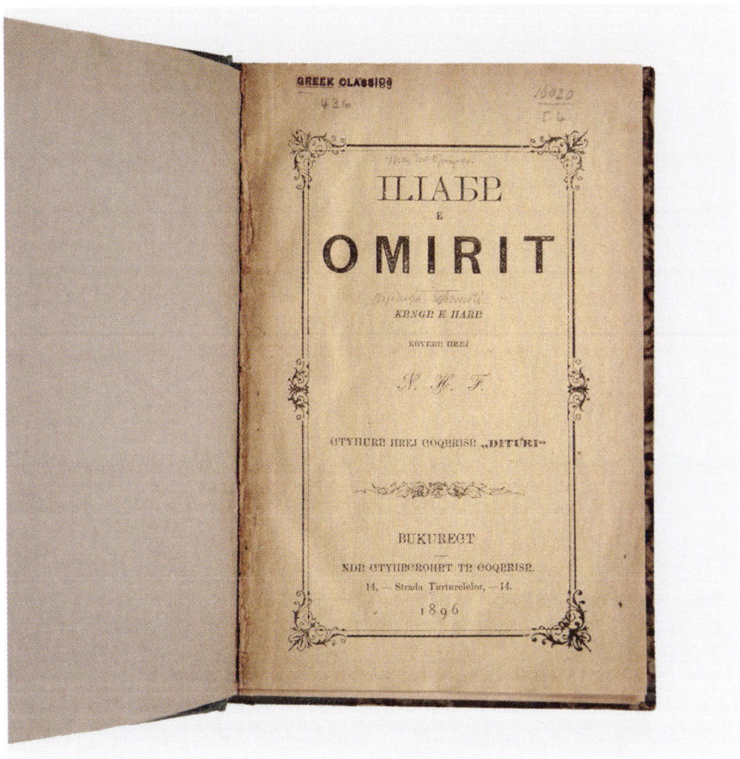

***Homerus Slavicis dialectis cognata lingua scripsit ex ipsius Homeri carmine ostendit Gregorius Dankovsky. Folium I (-IV), Iliados lib. I. 1-50 (-201); Slavice et Graece idem sonans et significans, adjecta nova versione latina et commentario graeco-slavico*. Vindobonae: [typis Congregationis Mechitaristicae], 1829-1830.**

Μελέτη του Τσέχου γλωσσολόγου Gregor Dankovszky (1784- 1857) για τη σχέση ομηρικής και σλαβικής γλώσσας. Εκδόθηκε στη Βιέννη.

Study by the Czech linguist Gregor Dankovszky (1784- 1857) on the relationship between the Homeric and Slavic languages. Published in Vienna.

***Iliade e Omirit*. Kenge e pare kthyere prej N.H.F. Stypure prej soqerise "Dituri". Bukurest: nde stypesronet soqerise, 1896.**

Περίληψη της *Ιλιάδας* στα αλβανικά.

Summary of the *Iliad* in Albanian.

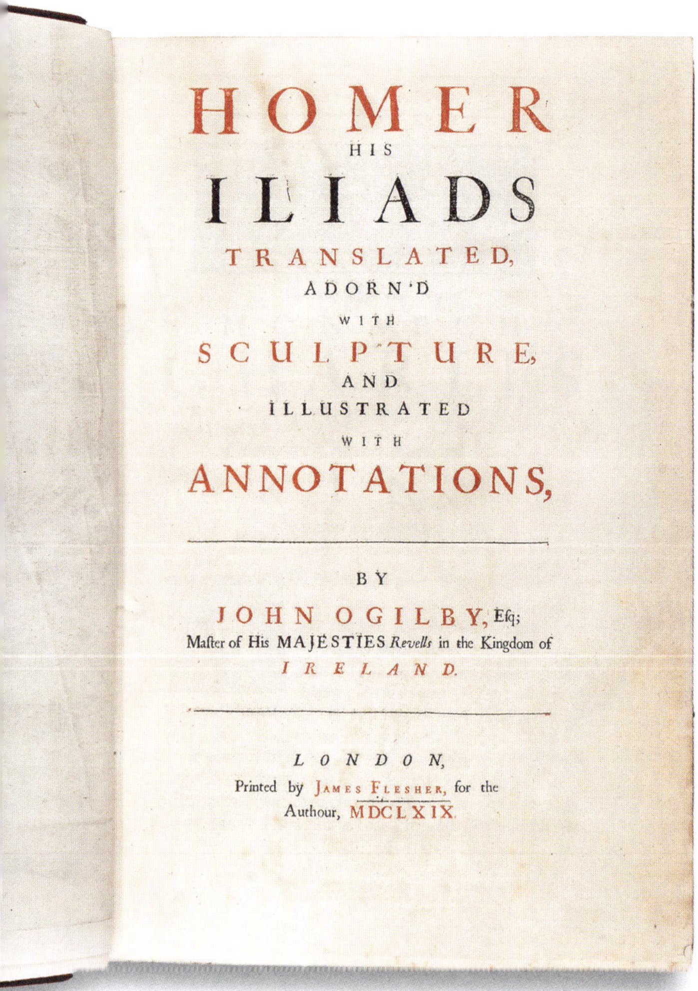

HOMER
HIS
ILIADS
TRANSLATED,
ADORN'D
WITH
SCULPTURE,
AND
ILLUSTRATED
WITH
ANNOTATIONS,

BY
JOHN OGILBY, Esq;
Master of His MAJESTIES *Revells* in the Kingdom of
IRELAND.

LONDON,
Printed by JAMES FLESHER, for the
Authour, MDCLXIX.

Homer his Iliads translated, adorn'd with sculpture, and illustrated with annotations by John Ogilby. **London: Printed by James Flesher, for the author, 1669. and** ***Homer his Odysses translated, adorn'd with sculpture, and illustrated with annotations, by John Ogilby, Esq.*** **London: Printed by Thomas Roycroft, for the Author, 1665.**

Αγγλική εικονογραφημένη μετάφραση της *Οδύσσειας* και της *Ιλιάδας* από το Σκωτσέζο μεταφραστή, ιμπρεσάριο, εκδότη και χαρτογράφο John Ogilby (1600-1676). Ο Ogilby αφιέρωσε ένα μέρος της ζωής του στη μετάφραση των κλασικών κειμένων σε πολυτελείς εκδόσεις με εικονογραφήσεις σχεδιασμένες από μεγάλους καλλιτέχνες της εποχής του. Το εγχείρημα απαιτούσε χορηγία για κάθε ένα από τα χαρακτικά.

English illustrated translation of *Odyssey* and *Iliad* by the Scottish translator, impresario, publisher, and cartographer John Ogilby (1600-1676). Ogilby devoted part of his life to the translation of the classics in luxurious editions with illustrations designed by renowned artists of his time. The venture required sponsorship for each one of the engraved illustrations.

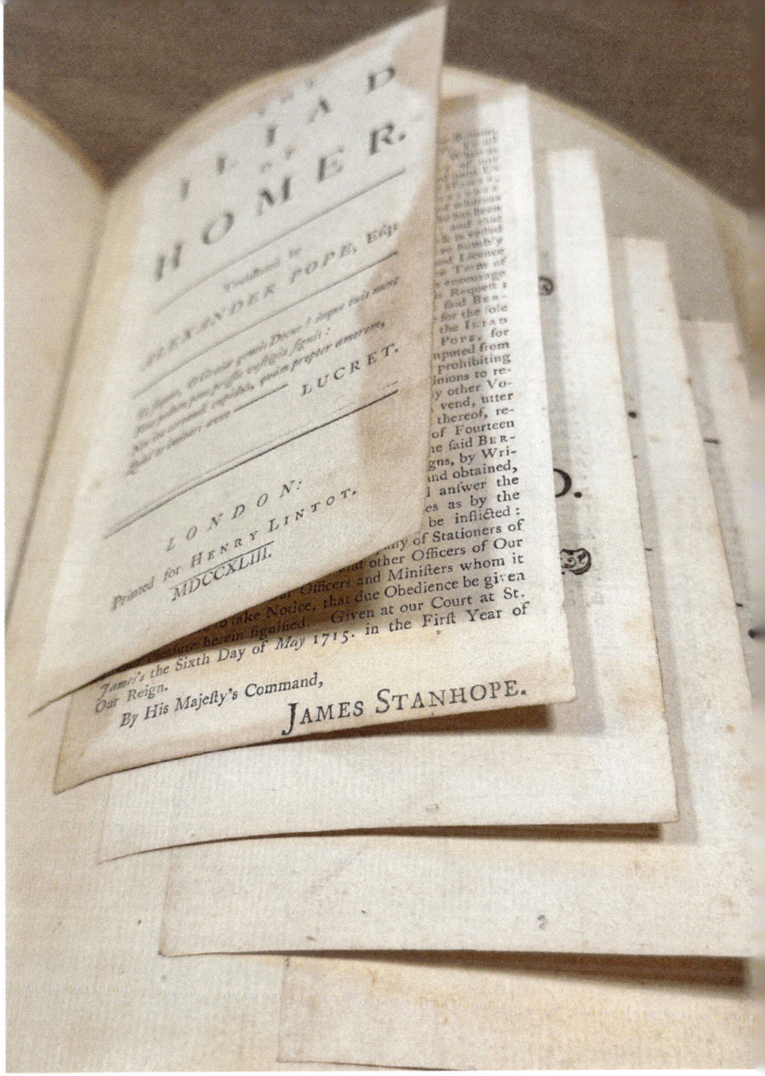

The Iliad [and The Odyssey] of Homer translated by Mr. Pope.
London: Printed by W. Bowyer, for Bernard Lintott, 1715-1726.

Συλλογή με αποσπάσματα από τη μετάφραση των ομηρικών επών του Άγγλου ποιητή Alexander Pope (1688-1744). Περιλαμβάνει τις σελίδες τίτλου, τον πρόλογο, το *Δοκίμιο για τον Όμηρο*, την πρώτη και την τελευταία σελίδα κάθε ραψωδίας, διακοσμητικές βινιέτες και επιπλέον 126 πορτρέτα, χάρτες και διάφορα χαρακτικά. Μια σπάνια συλλογή σε πολυτελή βιβλιοδεσία με επιχρυσωμένες άκρες.

A collection of select excerpts from the translations of the Homeric epics by the esteemed English poet Alexander Pope (1688-1744). It encompasses the title pages, preface, the *Essay on Homer*, as well as the initial and concluding pages of each book, adorned with engraved head and tail pieces. Enhanced through the addition of 126 portraits, maps, and various engravings. The entirety of this rare compilation is elegantly bound, featuring gilded edges.

Veu le grand faix que sur tes bras soustiens
(Roy tres-puissant, le plus grãd des Chrestiens)
Tant pour la guerre à bõ droict

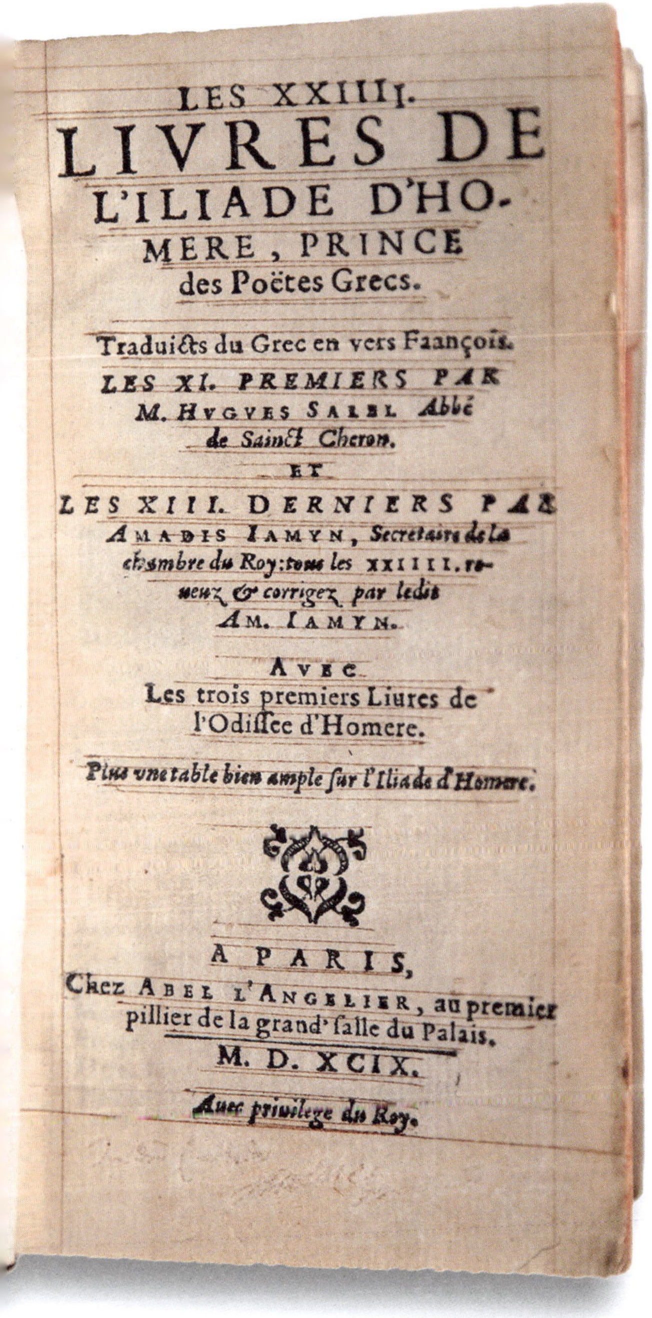
LES XXIIII.
LIVRES DE
L'ILIADE D'HO-
MERE, PRINCE
des Poëtes Grecs.

Traduicts du Grec en vers Faançois.
LES XI. PREMIERS PAR
M. HVGVES SALEL Abbé
de Sainct Cheron.
ET
LES XIII. DERNIERS PAR
AMADIS IAMYN, Secretaire de la
chambre du Roy: tous les XXIIII. reueuz & corrigez par ledit
AM. IAMYN.

AVEC
Les trois premiers Liures de
l'Odissee d'Homere.

Plus vne table bien ample sur l'Iliade d'Homere.

A PARIS,
Chez ABEL L'ANGELIER, au premier
pillier de la grand' salle du Palais.
M. D. XCIX.
Auec priuilege du Roy.

***Les xxiiii. livres de lIliade dHomère, prince des poëtes grecs traduicts du grec en vers François. Les XI. premiers par M. Hughes Salel et et les XIII. derniers par Amadis Iamyn ... Avec les trois premiers livres de lOdissée dHomère*. A Paris: chez Abel l'Angelier, 1599.**

Η πρώτη γαλλική απόδοση της *Ιλιάδας* έγινε από το Γάλλο ποιητή Huques Salel (1504-1553). Ο Salel μετέφρασε τις πρώτες δέκα ραψωδίες της *Ιλιάδας*, που εκδόθηκαν το 1545. Ακολούθησε η μετάφραση των άλλων δεκατριών ραψωδιών από το Γάλλο ποιητή Amadis Jamyn (1540 -1593), που εκδόθηκε το 1577. Η έκδοση του 1599 περιλαμβάνει και τις δύο μεταφράσεις.

The French poet Hugues Salel (1504-1553) was responsible for the first French rendition of the *Iliad*. Salel undertook the translation of the first ten books of the poem, which were published in 1545. Subsequently, the remaining thirteen books were translated by the French poet Amadis Jamyn (1540 -1593) and published in 1577. The 1599 edition stands as a comprehensive compilation, incorporating both Salel's and Jamyn's translations into a single volume.

LA VLYXEA DE HOMERO,
REPARTIDA EN XIII. LIBROS.
TRADVZIDA DE GRIEGO EN ROMANCE CASTELLANO POR EL SEÑOR GONÇALO PEREZ.
MPRIMIO'SE EN VENETIA, EN CASA DE GABRIEL GIOLITO DE FERRARIIS, Y SVS HERMANOS. MD LIII.

Ισπανική μετάφραση της *Οδύσσειας* από τον Gonzalo Pérez (1506?-1566), πρεσβευτή και γραμματέα, πρώτα του Καρόλου Ε′ και στη συνέχεια του Φιλίππου Β′. Δημοσίευσε μια μετάφραση των πρώτων δεκατριών ραψωδιών στη Σαλαμάνκα το 1550, που επανεκδόθηκε στην Αμβέρσα την ίδια χρονιά, και τελικά επιμελήθηκε μια αναθεωρημένη έκδοση στη Βενετία το 1553.

Spanish translation of *Odyssey* by Gonzalo Pérez (1506? -1566), who served as ambassador and secretary under both Charles V and Philip II. He initially published his translation of the first thirteen books in Salamanca in 1550, followed by a reprint in Antwerp later the same year. Pérez subsequently released a revised edition of his translation in Venice in 1553.

La Ulyxea de Homero, repartida en XIII libros traduzida de griego en romance castellano por el Senor Gonçalo Perez.
Imprimiòse en Venetia: en casa de Gabriel Giolito de Ferrarriis, y sus Hermanos, 1553.

Ομηρικά έπη

μελέτη, σχόλια και διδασκαλία

Homeric epics

study, commentaries, and teaching

Η προέλευση της πρώτης ομηρικής επικής ύλης, η ανασύσταση του αυθεντικού κειμένου και η παροχή επεξηγηματικών σημειώσεων αποτελούν πεδίο μελέτης από την αρχαιότητα. Στην ελληνιστική Αλεξάνδρεια, φιλόλογοι συνέκριναν ομηρικά χειρόγραφα για να καταλήξουν σε ένα κείμενο απαλλαγμένο από λάθη και προσθήκες στίχων. Σχόλια λογίων στο περιθώριο των ομηρικών ποιημάτων (marginalia) κάλυπταν ένα ευρύ φάσμα θεμάτων, εναλλακτικές αναγνώσεις, κριτική επεξήγηση και ερμηνεία των κειμένων εμπλουτίζοντας την κατανόηση των έργων του Ομήρου για τις επόμενες γενιές. Παρά τη μείωση της άμεσης επαφής με τα ομηρικά ελληνικά κείμενα κατά το Μεσαίωνα, οι ουμανιστές της Αναγέννησης αναζωπύρωσαν το ενδιαφέρον μέσω των λατινικών τους μεταφράσεων.

Scholars have been deeply engaged in the reconstruction of the original Homeric text and in providing commentaries on these texts since ancient times. During the Hellenistic period in Alexandria, philologists meticulously compared various Homeric manuscripts with the aim of producing a text devoid of errors and extraneous verses. Alongside these efforts, scholarly commentaries in the margins of the Homeric poems, known as marginalia, addressed a broad spectrum of subjects. These included alternative readings, critical explanations, and interpretations of the texts, enriching the understanding of Homer's works for generations to come. Despite a decline in firsthand knowledge of the epics during the Middle Ages, Renaissance humanists revived interest through Latin translations.

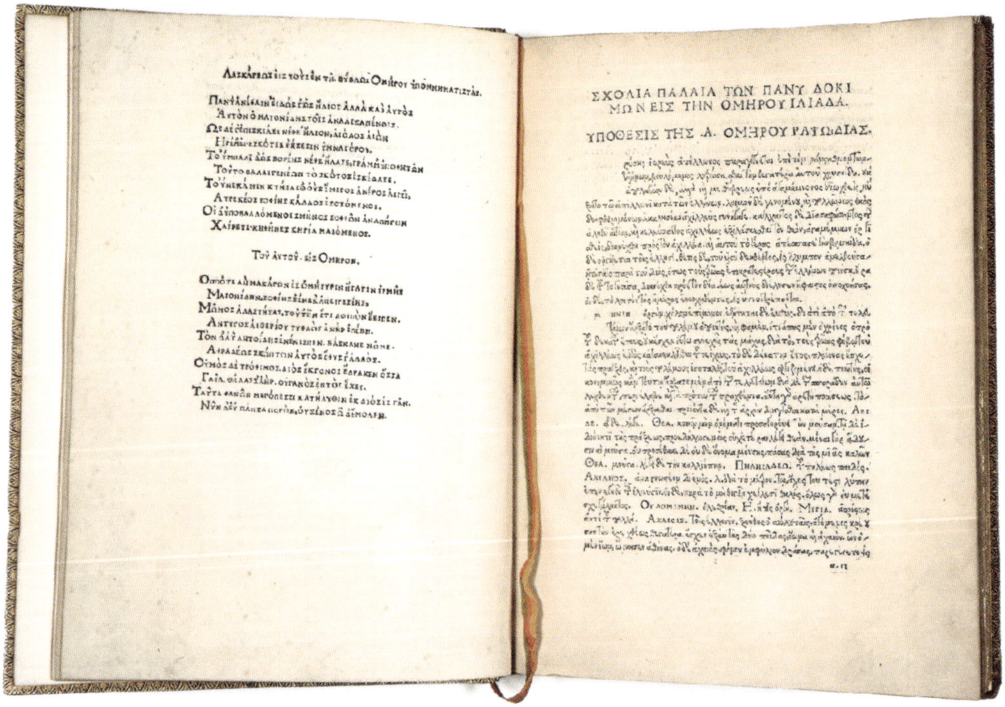

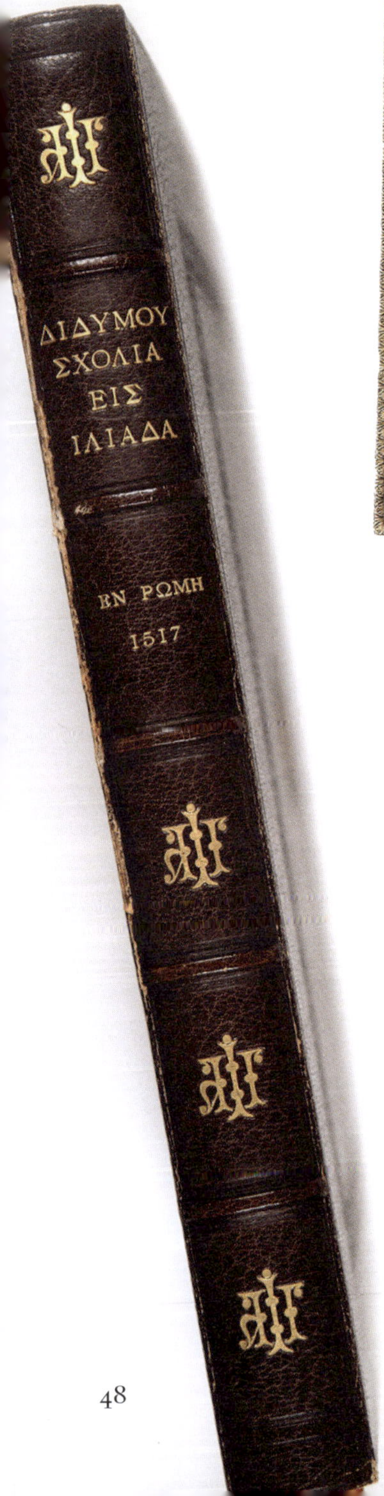

Σχόλια παλαιὰ τῶν πάνυ δοκίμων εἰς τὴν Ὁμήρου Ἰλιάδα. Ἐτυπώθη ἐν Ρώμῃ: παρὰ τὸν Κυρίνου λόφον, ἐν τῇ οἰκίᾳ Ἀγγέλου τοῦ Κολλωτίου, 1517.

Πρώτη και σπανιότατη έκδοση των *Σχολίων* στην *Ιλιάδα* που αποδίδονται στον Έλληνα λόγιο και γραμματικό Δίδυμο το Χαλκέντερο (63 π.Χ. -10 μ.Χ.). Την επιμέλεια της έκδοσης είχε ο Ιανός Λάσκαρις (1445-1534), ο οποίος σχεδίασε τα τυπογραφικά στοιχεία στη Φλωρεντία. Εκδόθηκε στο τυπογραφείο του Ελληνικού Γυμνασίου που ίδρυσε ο Πάπας Λέων Ι' το 1514 στον Κυρηνάλιο λόφο της Ρώμης και λειτούργησε με τη φροντίδα του Ιταλού φιλολόγου και ανθρωπιστή Angelo Colocci (1467–1549).

First and extremely rare edition of the *Scholia* (commentaries) on the *Iliad* attributed to the Greek scholar and grammarian Didymus Chalcenterus (63 BC - AD 10). The edition was edited by Janus Laskaris (1445-1534), who also designed the typographic characters in Florence. The book was published in the printing house of the Hellenic Gymnasium founded by Pope Leo I in 1514 in Rome, which operated under the care of the Italian philologist and humanist Angelo Colocci (1467–1549).

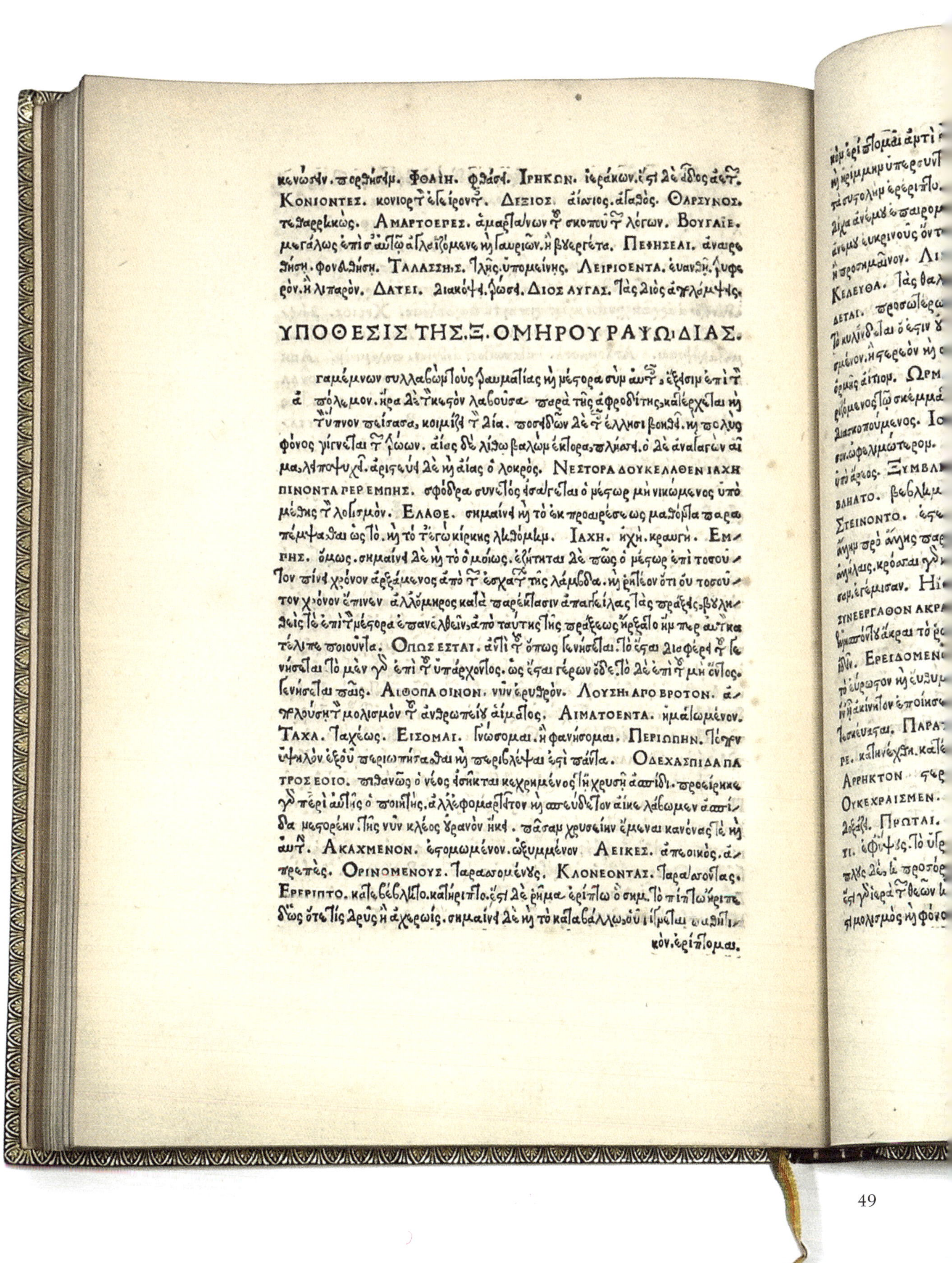
κενώσειν. πορθήσειν. ΦΟΛΙΗ. φθάσει. ΙΡΗΚΩΝ. ἱεράκων. ἔστι δὲ εἶδος ἀετοῦ. ΚΟΝΙΟΝΤΕΣ. κονιορτὸν ἐγείροντες. ΔΕΞΙΟΣ. αἴσιος. ἀγαθός. ΘΑΡΣΥΝΟΣ. τεθαρρηκώς. ΑΜΑΡΤΟΕΠΕΣ. ἁμαρτάνων τοῦ σκοποῦ τῶν λόγων. ΒΟΥΓΑΙΕ. μεγάλως ἐπὶ σαυτῷ ἀγλαϊζόμενε καὶ γαυριῶν. ἢ βουεργέτα. ΠΕΦΗΣΕΑΙ. ἀναιρεθήσῃ. φονευθήσῃ. ΤΑΛΑΣΣΗΙΣ. τλῇς. ὑπομείνῃς. ΛΕΙΡΙΟΕΝΤΑ. εὐανθῆ. τρυφερόν. ἢ λιπαρόν. ΔΑΤΕΙ. διακόψει. φθάσει. ΔΙΟΣ ΑΥΓΑΣ. τὰς διὸς ἀστραπὰς.

ΥΠΟΘΕΣΙΣ ΤΗΣ.Ξ. ΟΜΗΡΟΥ ΡΑΨΩΙΔΙΑΣ.

Ἀγαμέμνων συλλαβὼν τοὺς τραυματίας καὶ νέστορα σὺν αὐτῷ, ἔξεισιν ἐπὶ τὸν πόλεμον. ἥρα δὲ τὸν κεστὸν λαβοῦσα παρὰ τῆς ἀφροδίτης, καὶ ἐρχεται καὶ τὸν ὕπνον πείσασα, κοιμίζει τὸν δία. ποσειδῶν δὲ τοῖς ἕλλησι βοηθεῖ. καὶ πολὺς φόνος γίνεται τῶν τρώων. αἴας δὲ λίθῳ βαλὼν ἕκτορα, πλήττει. ὁ δὲ ἀναγαγὼν αἷμα, λειποψυχεῖ. ἀριστεύει δὲ καὶ αἴας ὁ λοκρός. ΝΕΣΤΟΡΑ Δ' ΟΥΚ ΕΛΑΘΕΝ ΙΑΧΗ ΠΙΝΟΝΤΑ ΠΕΡ ΕΜΠΗΣ. σφόδρα συντόνως ἐσαγγέλλεται ὁ νέστωρ μὴ νικώμενος ὑπὸ μέθης τὸν λογισμόν. ΕΛΑΘΕ. σημαίνει καὶ τὸ ἐκ προαιρέσεως μανθάνοντα παραπέμψασθαι ὡς τό. καὶ τὸ τῶν ἐγὼ κίρκης λήθομαι. ΙΑΧΗ. ἠχὴ. κραυγή. ΕΜΠΗΣ. ὅμως. σημαίνει δὲ καὶ τὸ ὁμοίως. ἐζήτηται δὲ πῶς ὁ νέστωρ ἐπὶ τοσοῦτον πίνει χρόνον ἀρξάμενος ἀπὸ τῆς ἐσχάτης τῆς λάμβδα. καὶ ῥητέον ὅτι οὐ τοσοῦτον χρόνον ἔπινεν. ἀλλ' ὅμηρος κατὰ παρέκτασιν ἀπαγγείλας τὰς πράξεις, βουληθεὶς τε ἐπὶ τὸν νέστορα ἐπανελθεῖν, ἀπὸ ταύτης τῆς πράξεως ἤρξατο ἥνπερ αὐτίκα τέλει ποιοῦντα. ΟΠΩΣ ΕΣΤΑΙ. ἀντὶ τοῦ ὅπως γενήσεται. τὸ ἔσται διαφέρει τοῦ γενήσεται. τὸ μὲν γὰρ ἐπὶ τοῦ ὑπάρχοντος. ὡς ἔσται γέρων ὅδε. τὸ δὲ ἐπὶ τοῦ μὴ ὄντος. γενήσεται παῖς. ΑΙΘΟΠΑ ΟΙΝΟΝ. νῦν ἐρυθρόν. ΛΟΥΣΗΙ ΑΠΟ ΒΡΟΤΟΝ. ἀπολούσῃ τὸν μολισμὸν τοῦ ἀνθρωπείου αἵματος. ΑΙΜΑΤΟΕΝΤΑ. ἡμαγμένον. ΤΑΧΑ. ταχέως. ΕΙΣΟΜΑΙ. γνώσομαι. ἢ φανήσομαι. ΠΕΡΙΩΠΗΝ. τόπον ὑψηλὸν ἐξ οὗ περιωπήσασθαι καὶ περιβλέψαι ἐστὶ πάντα. Ο ΔΕ ΧΑΣΠΙΔΑ ΠΑΤΡΟΣ ΕΟΙΟ. πιθανῶς ὁ νέος ἐστάλκει κεχρημένος τῇ χρυσῇ ἀσπίδι. προείρηκε γὰρ περὶ αὐτῆς ὁ ποιητής. ἀλλ' ἐφομαρτεῖτον καὶ σπεύδετον αἴκε λάβωμεν ἀσπίδα νεστορέην. τῆς νῦν κλέος οὐρανὸν ἵκει. πᾶσαν χρυσείην ἔμεναι κανόνας τε καὶ αὐτήν. ΑΚΑΧΜΕΝΟΝ. ἐστομωμένον. ὠξυμμένον. ΑΕΙΚΕΣ. ἀπρεπὲς. ΟΡΙΝΟΜΕΝΟΥΣ. ταρασσομένους. ΚΛΟΝΕΟΝΤΑΣ. ταράσσοντας. ΕΡΡΙΠΤΟ. καταβέβλητο. καὶ ἔρριπτο. ἔστι δὲ ῥῆμα ἐρίπτω ὃ σημαίνει τὸ πίπτω ἤριπε δ' ὡς ὅτε τίς δρῦς ἢ ἀχερωίς. σημαίνει δὲ καὶ τὸ καταβάλλω, οὗ ὁ ... παθητικόν. ἐρίπτομαι.

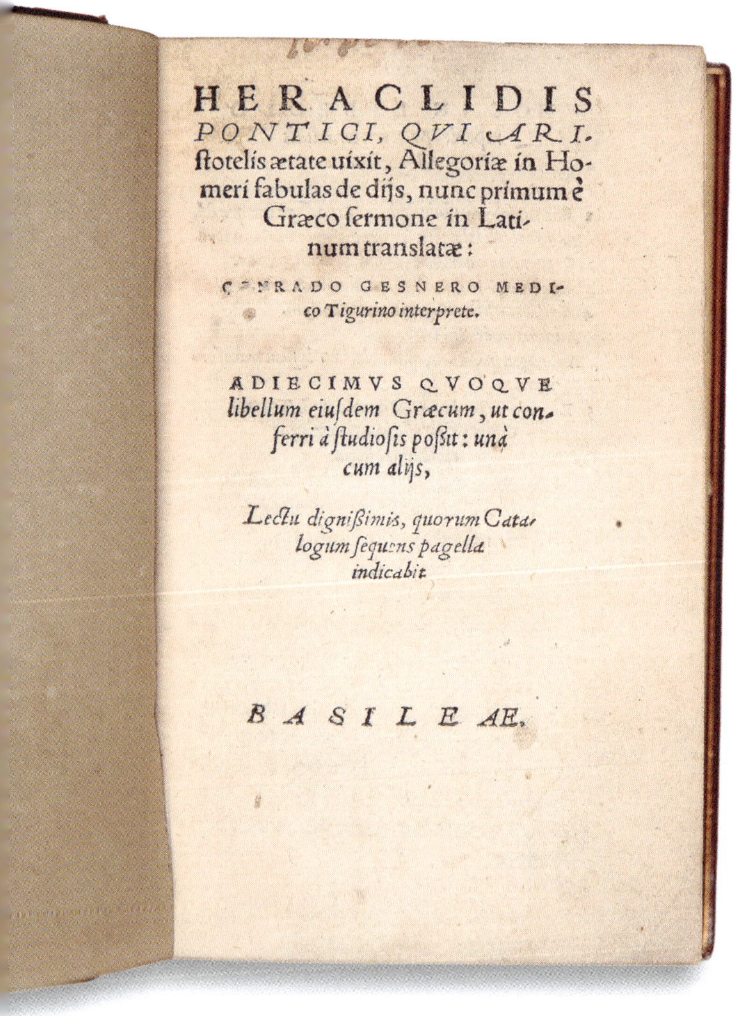

Heraclidis Pontici, qui Aristotelis aetate vixit, Allegoriae in Homeri fabulas de dijs, nunc primum e Graeco sermone in Latinum translatae, Conrado Gesnero. Basileae: [ex officina Ioannis Oporini, 1544].

Ομηρικές αλληγορίες από τον Έλληνα πλατωνικό φιλόσοφο του 4ου αιώνα Ηρακλείδη Ποντικό. Τυπώθηκε στη Βασιλεία από τον Ελβετό ουμανιστή τυπογράφο Johannes Oporinus (Johannes Herbster or Hans Herbst, 1507-1568).

Homeric allegories by the fourth-century Greek Platonic philosopher Heraclides Ponticus. Printed in Basel by the Swiss humanist printer Johannes Oporinus (Johannes Herbster or Hans Herbst, 1507-1568).

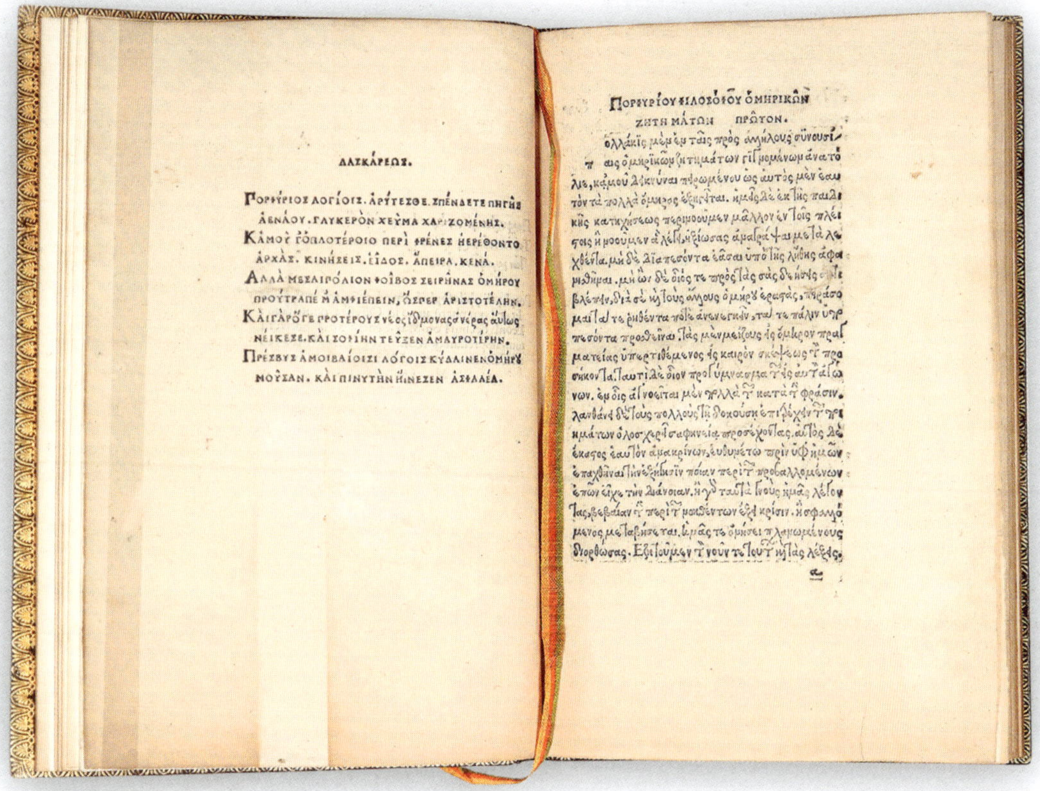

Έκδοση που επιμελήθηκε ο Έλληνας λόγιος Ιανός Λάσκαρις. Σχόλιο του νεοπλατωνιστή φιλοσόφου Πορφύριου (234 - 305) σε έντεκα στίχους από τη Ραψωδία 13 της *Οδύσσειας*, όπου ο Όμηρος περιγράφει το σπήλαιο των νυμφών Ναϊάδων στο νησί της Ιθάκης. Το «Gymnasium Mediceum ad Caballinum Montem» ήταν το Ελληνικό Γυμνάσιο που ίδρυσε ο Πάπας Λέων Ι' το 1514 στον Κυρινάλιο λόφο της Ρώμης με σκοπό την ενίσχυση των ελληνικών σπουδών και την εκτύπωση κλασικών ελληνικών κειμένων, υπό την καθοδήγηση του Ιανού Λάσκαρι (1445-1534) και του μαθητή του Μάρκου Μουσούρου (1470 -1517)

Text edited by the Greek scholar Janus Lascaris. A commentary by the Neoplatonic philosopher Porphyry of Tyre (234 - 305) on eleven verses from Book 13 of the *Odyssey*, in which Homer describes the cave of the water-nymphs or Naiads on the island of Ithaca. The "Gymnasium Mediceum ad Caballinum Montem" was the Greek Gymnasium founded by Pope Leo I in 1514 in Rome with the aim of strengthening Greek studies and printing classical Greek texts, under the guidance of Janus Lascaris (1445-1534) and his disciple Marcus Musurus (1470 -1517).

***Πορφυρίου φιλοσόφου Ὁμηρικὰ ζητήματα. Τοῦ αὐτοῦ Πορφυρίου Περὶ τοῦ ἐν Ὀδυσσείᾳ τῶν νυμφῶν ἄντρου Porphyrii philosophi Homericarum quaestionum liber. Et De nympharum antro in Odyssea opusculum*. Romae: in Gymnasio Mediceo ad Caballinum Montem, 1518.**

Πρώτη έκδοση (editio princeps) των σχολίων στην *Ιλιάδα* και την *Οδύσσεια* από το βυζαντινό λόγιο και κληρικό Ευστάθιο Θεσσαλονίκης (περ. 1115 - 1195/6). Πρόκειται για μια σημαντικότατη συλλογή αποσπασμάτων έργων προγενέστερων σχολιαστών του Ομήρου. Εξαιρετικά σπάνιο αντίτυπο τυπωμένο σε περγαμηνή που αντανακλά το συλλεκτικό πνεύμα του Ιωάννη Γενναδίου. Περίτεχνη βιβλιοδεσία του 20ου αιώνα από τον W. T. Morrell από μπλε μαροκινό δέρμα και πλούσιο επίχρυσο διάκοσμο με μονόγραμμα και ex libris Ιωάννου και Ανθής Γενναδίου.

First edition (editio princeps) of the commentaries on the *Iliad* and the *Odyssey* by the Byzantine scholar and cleric Eustathius of Thessalonica (c. 1115 - 1195/6). A very important collection of excerpts from the works of earlier commentators on Homer. Extremely rare copy printed on parchment that reflects the collecting spirit of Joannes Gennadius. Ornate 20th century binding by W. T. Morrell in blue morocco leather and rich gilt decoration with monogram and Ex-libris of Joannes and Florence Gennadius.

***Εὐσταθίου ἀρχιεπισκόπου Θεσσαλονίκης παρεκβολαὶ εἰς τὴν Ὁμήρου Ἰλιάδα καὶ Ὀδύσσειαν μετὰ εὐπορωτάτου καὶ πάνυ ὠφελίμου πίνακος*. Romae: apud Antonium Bladum impressorem cameralem, 1542-1550.**

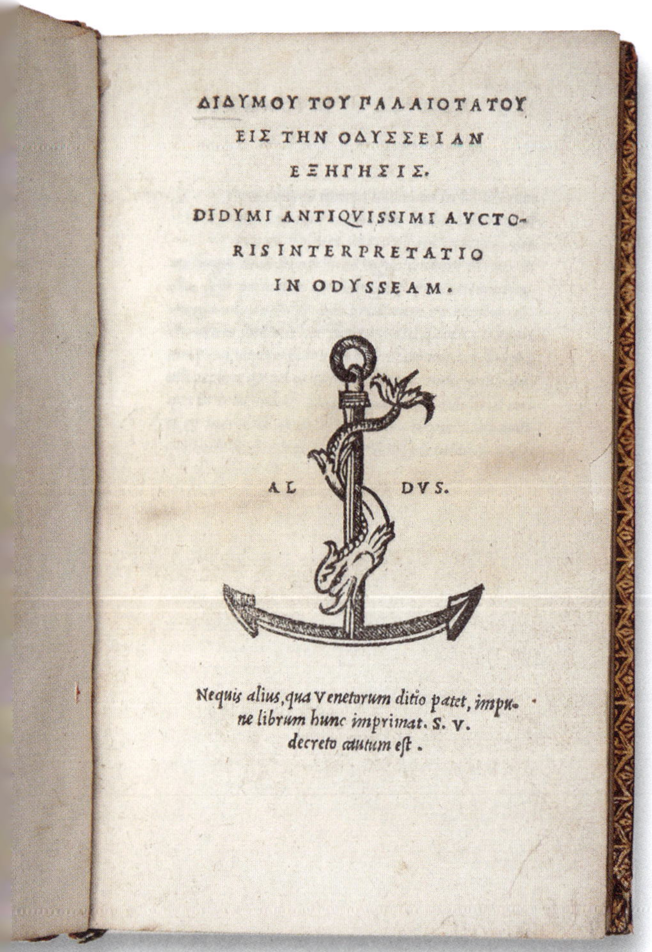

Διδύμου τοῦ παλαιοτάτου εἰς τὴν Ὀδύσσειαν ἐξήγησις. Didymi antiquissimi auctoris Interpretatio in Odyssea. **Venetiis: In aedibus Aldi, et Andreai Asulani, 1528.**

Πρώτη έκδοση (editio princeps) των *Σχολίων* στην *Οδύσσεια* που αποδίδεται στον Έλληνα λόγιο και γραμματικό Δίδυμο Χαλκέντερο (63 π.Χ. - 10 μ.Χ.). Το έργο εκδόθηκε στη Βενετία από τον τυπογράφο Andrea Torresano (1451-1529), συνεργάτη του Άλδου Μανούτιου.

First edition (editio princeps) of the *Scholia* (commentaries) on the Odyssey attributed to the Greek scholar and grammarian Didymus Chalcenterus (63 BC - AD 10). The work was edited in Venice by the printer Andrea Torresano (1451-1529), associate of Aldo Manuzio.

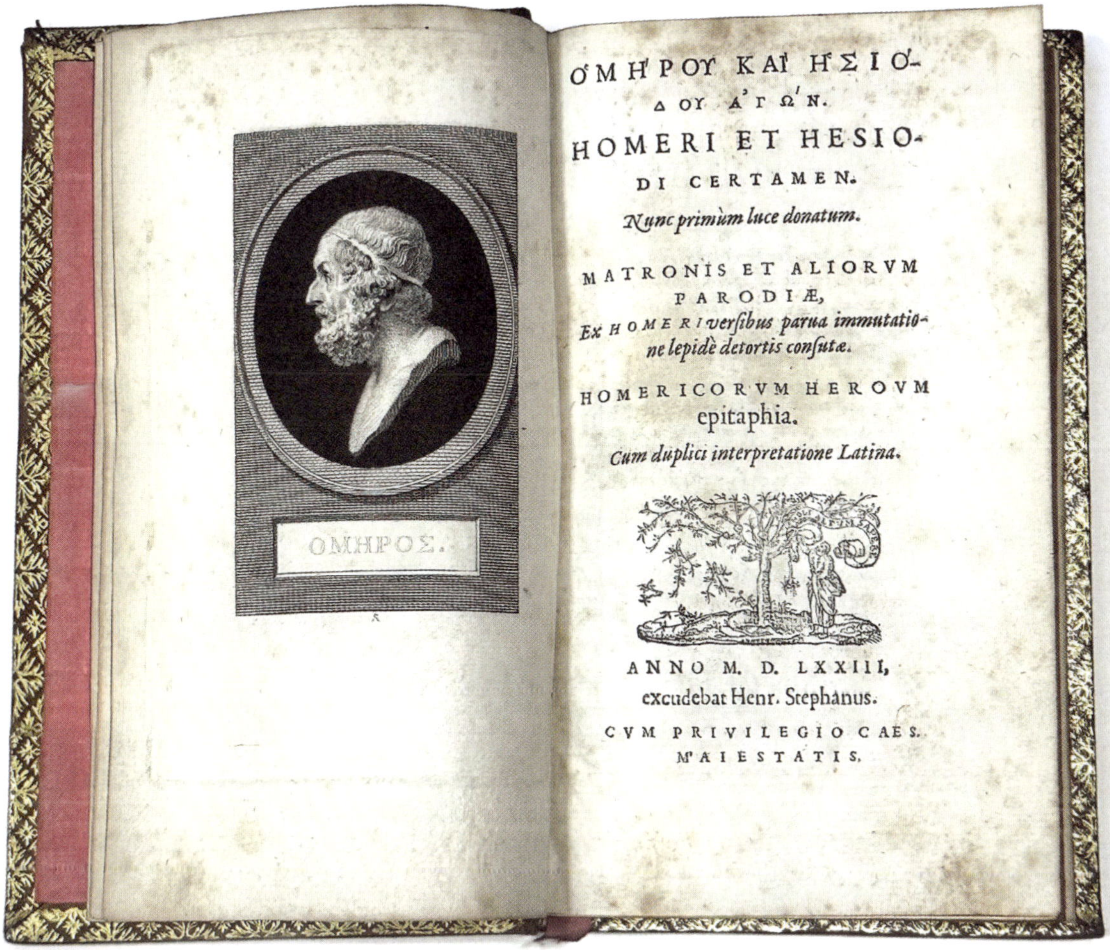

Έκδοση του έργου *Homeri et Hesiodi certamen*, ενός φανταστικού ποιητικού αγώνα μεταξύ του Ομήρου και του Ησιόδου. Η έκδοση περιέχει, επίσης, τη βιογραφία του Ομήρου από τον Ηρόδοτο τον Αλικαρνασσέα και τον Πλούταρχο, καθώς και πρόλογο του Γάλλου τυπογράφου, φιλολόγου, ελληνιστή και ανθρωπιστή Ερρίκου Στεφάνου/ Henri Estienne (Henricus Stephanus, 1531-1598), ο οποίος και τύπωσε το βιβλίο στη Γενεύη.

Edition of *The Contest of Homer and Hesiod*, an imagined poetical agon between Homer and Hesiod. It also contains the biography of Homer by Herodotus of Halicarnassus and by Plutarch as well as a preface by the French printer, philologist, Hellenist, and humanist Henri Estienne (Henricus Stephanus, 1531-1598), who printed the book in Geneva.

Ὁμήρου καὶ Ἡσιόδου ἀγών. Homeri et Hesiodi certamen. Nunc primum luce donatum. Matronis et aliorum parodiae... Homericorum heroum epitaphia. Cum duplici interpretatione latina [una Henrici Stephani altéra Gulielmi Canteri]. **[Genève]: excudebat Henr. Stephanus, 1573.**

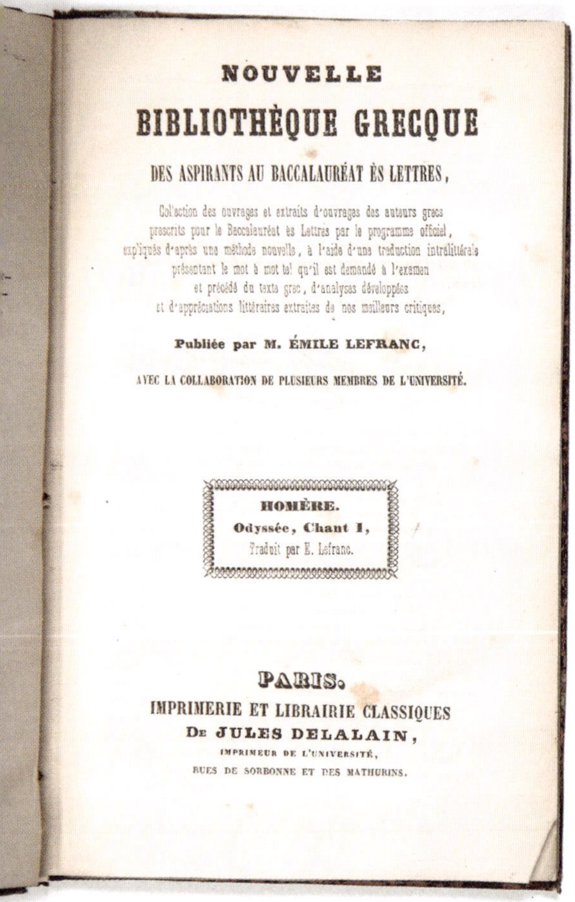
NOUVELLE

BIBLIOTHÈQUE GRECQUE

DES ASPIRANTS AU BACCALAURÉAT ÈS LETTRES,

Collection des ouvrages et extraits d'ouvrages des auteurs grecs prescrits pour le Baccalauréat ès Lettres par le programme officiel, expliqués d'après une méthode nouvelle, à l'aide d'une traduction intralittérale présentant le mot à mot tel qu'il est demandé à l'examen et précédé du texte grec, d'analyses développées et d'appréciations littéraires extraites de nos meilleurs critiques,

Publiée par M. ÉMILE LEFRANC,

AVEC LA COLLABORATION DE PLUSIEURS MEMBRES DE L'UNIVERSITÉ.

HOMÈRE.
Odyssée, Chant I,
Traduit par E. Lefranc.

PARIS.
IMPRIMERIE ET LIBRAIRIE CLASSIQUES
DE JULES DELALAIN,
IMPRIMEUR DE L'UNIVERSITÉ,
RUES DE SORBONNE ET DES MATHURINS.

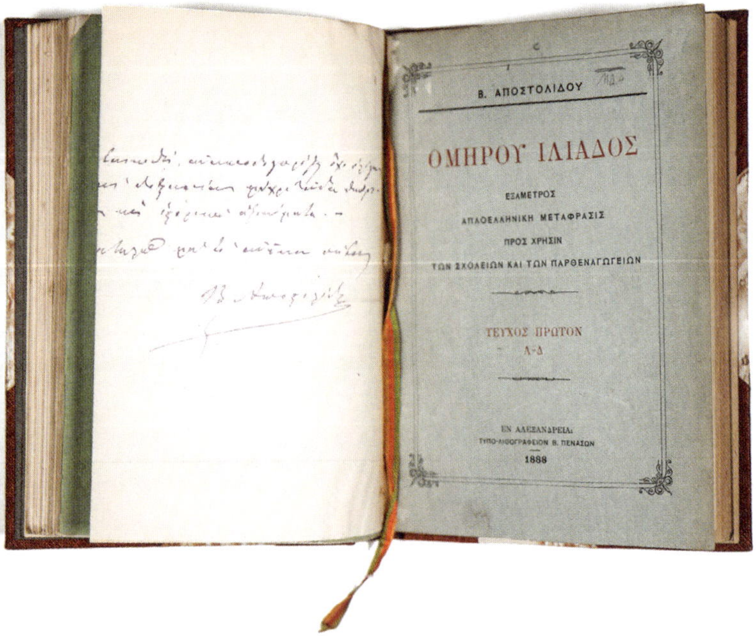
Β. ΑΠΟΣΤΟΛΙΔΟΥ

ΟΜΗΡΟΥ ΙΛΙΑΔΟΣ

ΕΞΑΜΕΤΡΟΣ
ΑΠΛΟΕΛΛΗΝΙΚΗ ΜΕΤΑΦΡΑΣΙΣ
ΠΡΟΣ ΧΡΗΣΙΝ
ΤΩΝ ΣΧΟΛΕΙΩΝ ΚΑΙ ΤΩΝ ΠΑΡΘΕΝΑΓΩΓΕΙΩΝ

ΤΕΥΧΟΣ ΠΡΩΤΟΝ
Α-Δ

ΕΝ ΑΛΕΞΑΝΔΡΕΙΑ.
ΤΥΠΟ-ΛΙΘΟΓΡΑΦΕΙΟΝ Β. ΠΕΝΑΣΩΝ
1888

Homère, Odyssée, chant I, traduit par E. Lefranc. Nouvelle Bibliothèque grecque des aspirants au baccalaréat ès-lettres. Paris: Jules Delalain, [1850].

Γαλλικό σχολικό εγχειρίδιο για τη διδασκαλία του Ομήρου για χρήση των υποψηφίων για το απολυτήριο της δευτεροβάθμιας εκπαίδευσης.

French textbook for the teaching of Homer for the use of candidates for the secondary school diploma (baccalauréat).

Ὁμήρου Ἰλιάδος ἑξάμετρος ἁπλοελληνικὴ μετάφρασις πρὸς χρῆσιν τῶν σχολείων καὶ τῶν παρθεναγωγείων, ὑπὸ Β. Ἀποστολίδου. Ἐν Ἀλεξανδρείᾳ: Penasson, V., 1888.

Σχολικό εγχειρίδιο για τη διδασκαλία του Ομήρου σε ελληνικά σχολεία της Αλεξάνδρειας. Με χειρόγραφη επιστολή του ιατρού και μεταφραστή του εγχειριδίου Βασιλείου Αποστολίδη (1827-1910).

Schoolbook for the teaching of Homer in the Greek schools of Alexandria. With a handwritten letter by the physician and translator of the schoolbook Vassilios Apostolidis (1827-1910).

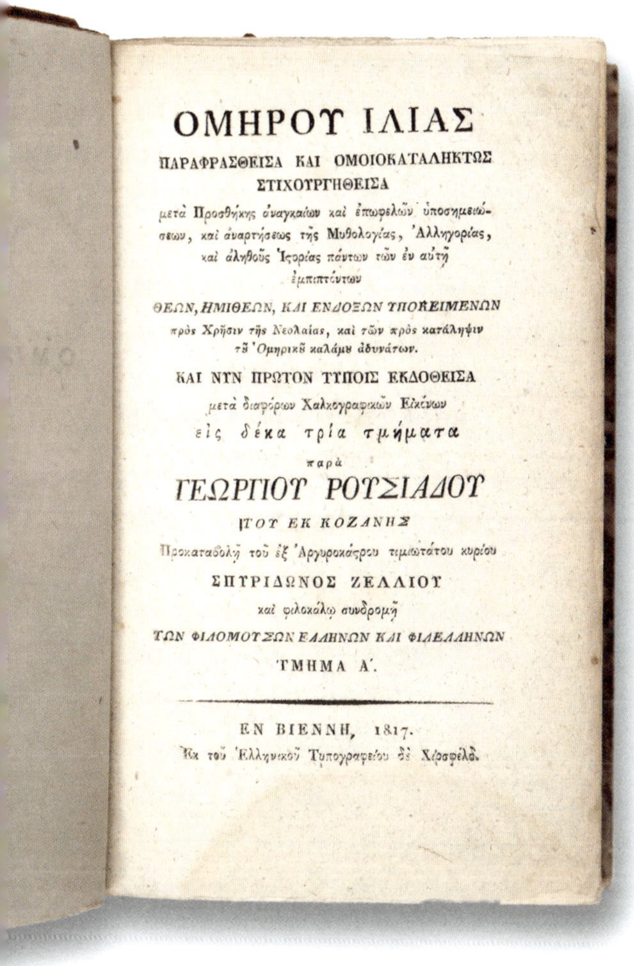

ΟΜΗΡΟΥ ΙΛΙΑΣ

ΠΑΡΑΦΡΑΣΘΕΙΣΑ ΚΑΙ ΟΜΟΙΟΚΑΤΑΛΗΚΤΩΣ ΣΤΙΧΟΥΡΓΗΘΕΙΣΑ

μετὰ Προσθήκης ἀναγκαίων καὶ ἐπωφελῶν ὑποσημειώσεων, καὶ ἀναρτήσεως τῆς Μυθολογίας, Ἀλληγορίας, καὶ ἀληθοῦς Ἱςορίας πάντων τῶν ἐν αὐτῇ ἐμπιπτόντων

ΘΕΩΝ, ΗΜΙΘΕΩΝ, ΚΑΙ ΕΝΔΟΞΩΝ ΥΠΟΚΕΙΜΕΝΩΝ

πρὸς Χρῆσιν τῆς Νεολαίας, καὶ τῶν πρὸς κατάληψιν τȣ̃ Ὁμηρικȣ̃ καλάμȣ ἀδυνάτων.

ΚΑΙ ΝΥΝ ΠΡΩΤΟΝ ΤΥΠΟΙΣ ΕΚΔΟΘΕΙΣΑ

μετὰ διαφόρων Χαλκογραφικῶν Εἰκόνων

εἰς δέκα τρία τμήματα

παρὰ

ΓΕΩΡΓΙΟΥ ΡΟΥΣΙΑΔΟΥ

ΤΟΥ ΕΚ ΚΟΖΑΝΗΣ

Προκαταβολῇ τοῦ ἐξ Ἀργυροκάςρου τιμιωτάτου κυρίου

ΣΠΥΡΙΔΩΝΟΣ ΖΕΛΛΙΟΥ

καὶ φιλοκάλῳ συνδρομῇ

ΤΩΝ ΦΙΛΟΜΟΥΣΩΝ ΕΛΛΗΝΩΝ ΚΑΙ ΦΙΛΕΛΛΗΝΩΝ

ΤΜΗΜΑ Α΄.

ΕΝ ΒΙΕΝΝΗ, 1817.

Ἐκ τοῦ Ἑλληνικοῦ Τυπογραφείου δὲ Χίρσφελδ.

Πρώτη έκδοση της παράφρασης της *Ιλιάδας* του Ομήρου από το Γεώργιο Ρουσιάδη, που κυκλοφόρησε σε δεκατρείς τόμους με πλούσια εικονογράφηση. Ο λόγιος Γεώργιος Ρουσιάδης (1783-1852) ήταν μέλος της Φιλικής Εταιρείας και εργάστηκε σαν δάσκαλος στις ελληνικές κοινότητες της Βιέννης και της Πέστης.

First edition of the paraphrase of Homer's *Iliad* by George Rousiadis, published in thirteen volumes with rich illustrations. The scholar George Rousiadis (1783-1852) was a member of the Philike Hetaireia and worked as a teacher in the Greek communities of Vienna and Pest.

Ὁμήρου Ἰλιὰς παραφρασθεῖσα καὶ ὁμοιοκαταλήκτως στιχουργηθεῖσα μετὰ προσθήκης ἀναγκαίων καὶ ἐπωφελῶν ὑποσημειώσεων, καὶ ἀναρτήσεως τῆς Μυθολογίας, Ἀλληγορίας, καὶ ἀληθοῦς Ἱστορίας πάντων τῶν ἐν αὐτῇ ἐμπιπτόντων Θεῶν, Ἡμιθέων, καὶ Ἐνδόξων Ὑποκειμένων πρὸς Χρῆσιν τῆς Νεολαίας, καὶ τῶν πρὸς κατάληψιν τοῦ Ὁμηρικοῦ καλάμου ἀδυνάτων... νῦν πρῶτον τύποις ἐκδοθεῖσα μετὰ διαφόρων χαλκογραφικῶν εἰκόνων εἰς δέκα τρία τμήματα, παρὰ Γεωργίου Ρουσιάδου. Ἐν Βιέννῃ: Ἑλληνικὸ τυπογραφεῖο Χιρσφέλδ, 1817-1819.

Εικονογραφήσεις ομηρικών εκδόσεων

Illustrating the Homeric editions

Αν και οι πρώιμες εκδόσεις των έργων του Ομήρου το 15ο αιώνα επικεντρώθηκαν κυρίως στη διάθεση των κειμένων για μελέτη, τα ομηρικά έπη αποτέλεσαν μια διαχρονική πηγή έμπνευσης και καλλιτεχνικής δημιουργίας. Οι πρώτες εικονογραφημένες εκδόσεις το 16ο αιώνα σηματοδοτούν μια νέα εποχή απεικονιστικής αναβάθμισης στην τυπογραφία. Λαμπρό παράδειγμα αποτελούν οι γοητευτικές ξυλογραφίες που στολίζουν την πρώτη νεοελληνική *Ιλιάδα* του Νικόλαου Λουκάνη, που τυπώθηκε στη Βενετία το 1526 και ανατυπώθηκε αργότερα το 1610 και το 1640.
Στους επόμενους αιώνες θα ακολουθήσουν πολυτελείς εκδόσεις με χαρακτικά, όπως αυτές των μεταφράσεων των John Ogilby και Alexander Pope, των οποίων τα βιβλία περιέχουν εξαίρετες εικονογραφήσεις. Η μνημειώδης έκδοση του John Flaxman περιείχε υποβλητικά σχέδια, τα οποία άφησαν ανεξίτηλο το αποτύπωμά τους στην καλλιτεχνική ερμηνεία των ομηρικών επών.

Though in the early days of printing, the emphasis was primarily on making the Homeric texts available for study, Homer's epics have been a timeless source of inspiration and artistic creation. The advent of illustrated printed editions in the 16th century ushered a new era of visual enhancement of typography. A notable exemplar are the enchanting woodcuts embellishing the first modern Greek Iliad of Nikolaos Loukanis, printed in Venice in 1526 and reprinted again in 1610 and 1640.
Subsequent iterations further elevated the visual presentation of these masterpieces, with sumptuous editions adorned with intricate engravings. Noteworthy examples include translations by John Ogilby and Alexander Pope, whose works were graced with exquisite illustrations. The monumental edition of John Flaxman featured evocative drawings that left an indelible imprint on the artistic interpretation of the Homeric epics.

The Iliad [and] the Odyssey of Homer engraved from the compositions of John Flaxman, R.A., sculptor.
London: Printed for Longman, Hurst, Rees, & Orme, 1805.

Χαρακτικά για την *Ιλιάδα* και την *Οδύσσεια* βασισμένα στις συνθέσεις του Βρετανού γλύπτη και σχεδιαστή John Flaxman (1755-1826), από τον Ιταλό χαράκτη Tomasso Piroli (1752–1824) και τον Άγγλο ποιητή και ζωγράφο William Blake (1757-1827). Μια μοναδική συλλογή με εβδομήντα τρία χαρακτικά, σε καθένα από τα οποία έχουν προστεθεί αναπαραγωγές σε μικρότερη κλίμακα, κάποιες με χρώμα.

Engravings for the *Iliad* and the *Odyssey* made after the compositions of the British sculptor and draughtsman John Flaxman (1755-1826) by the Italian etcher Tomasso Piroli (1752–1824) and the English poet and painter William Blake (1757–1827). A unique collection with seventy-three engravings to each of which are added reproductions in a smaller scale and many in colors neatly inlaid.

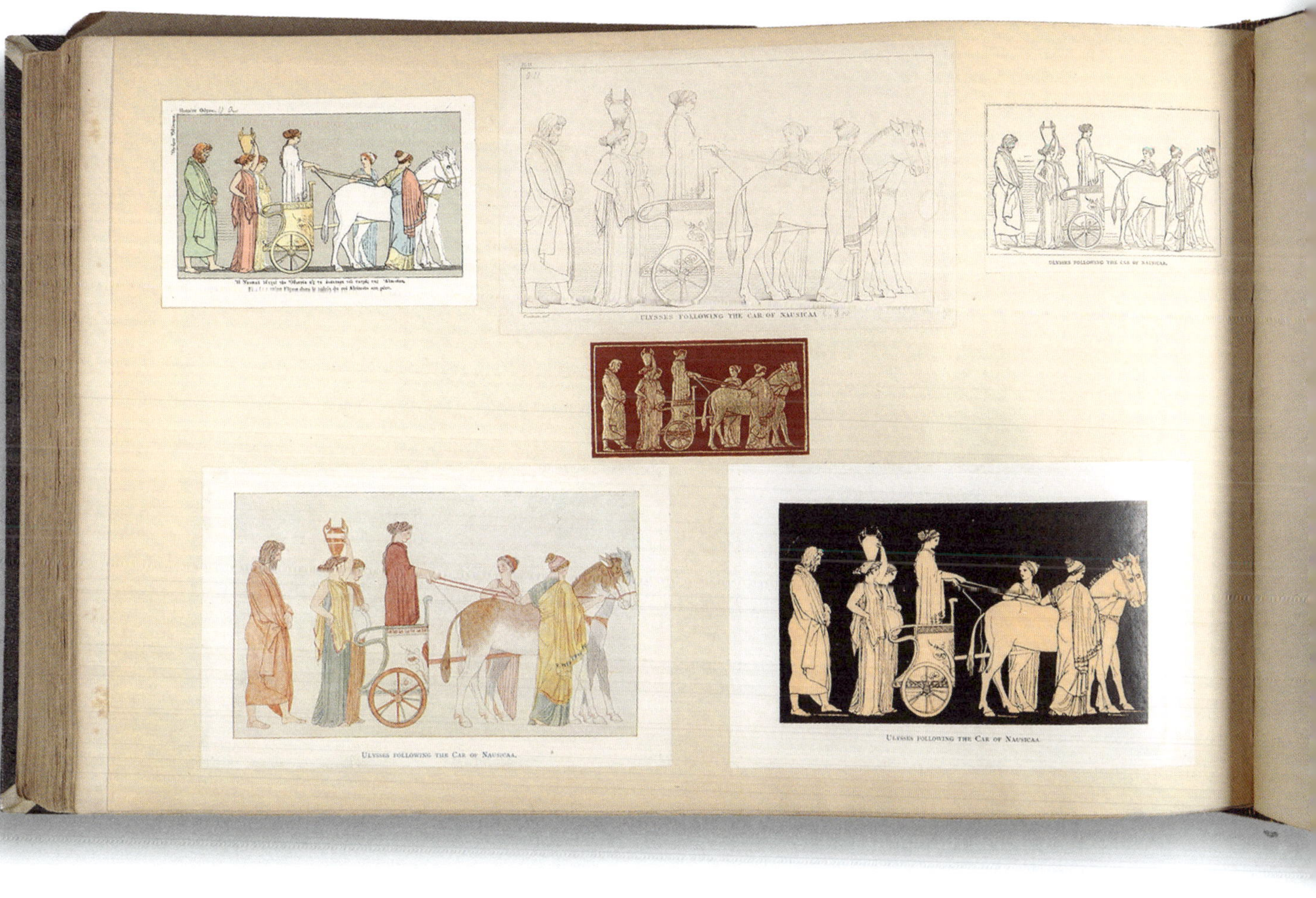
ULYSSES FOLLOWING THE CAR OF NAUSICAA
ULYSSES FOLLOWING THE CAR OF NAUSICAA.
Ulysses following the Car of Nausicaa.
Ulysses following the Car of Nausicaa.

DER LAESTRIGONEN KOENIG TOEDTET EINEN DER GEFAERTEN DES ULYSSES 15

ODYSSÉE 10, 116

LE ROI DES LESTRIGIENS TUE UN DES COMPAGNONS D'ULYSSE

HOMER RUFT DIE MUSE DER DICHTKUNST AN. 1

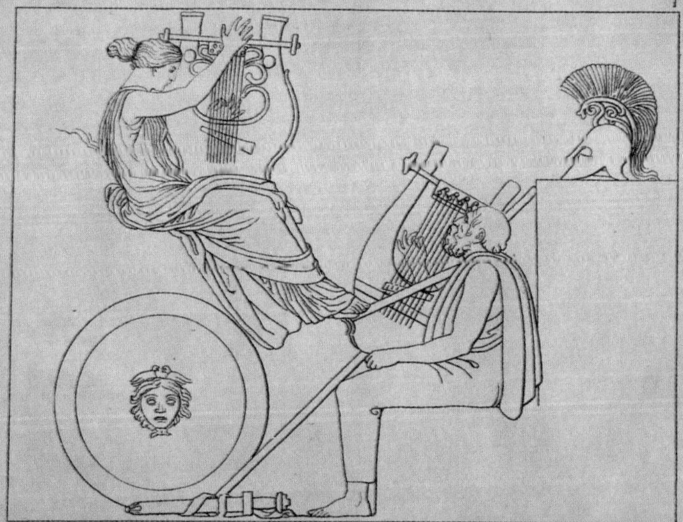

ILIADE I, 1

HOMÈRE INVOQUE LA MUSE

ULYSSES TOEDTET DIE FREIER
ODYSSEE 22.7
ULYSSE DONNE LA MORT AUX AMANS DE PÉNÉLOPE

DIE SIRENEN
19
ODYSSEE 12,181
LES SIRENES

Soixante-quinze gravures au trait tirées de l'Iliade et de l'Odyssée gravées d'après les compositions de John Flaxman par Edouard Schuler. **Carlsruhe, 1828.**

Χαρακτικά για την *Ιλιάδα* και την *Οδύσσεια* βασισμένα στις συνθέσεις του Βρετανού γλύπτη και σχεδιαστή John Flaxman (1755-1826) από το Γερμανό χαράκτη Eduard Schuler (1805 -1882).

Engravings for the *Iliad* and the *Odyssey* made after the compositions of the British sculptor and draughtsman John Flaxman (1755-1826) by the German engraver Eduard Schuler (1805 -1882).

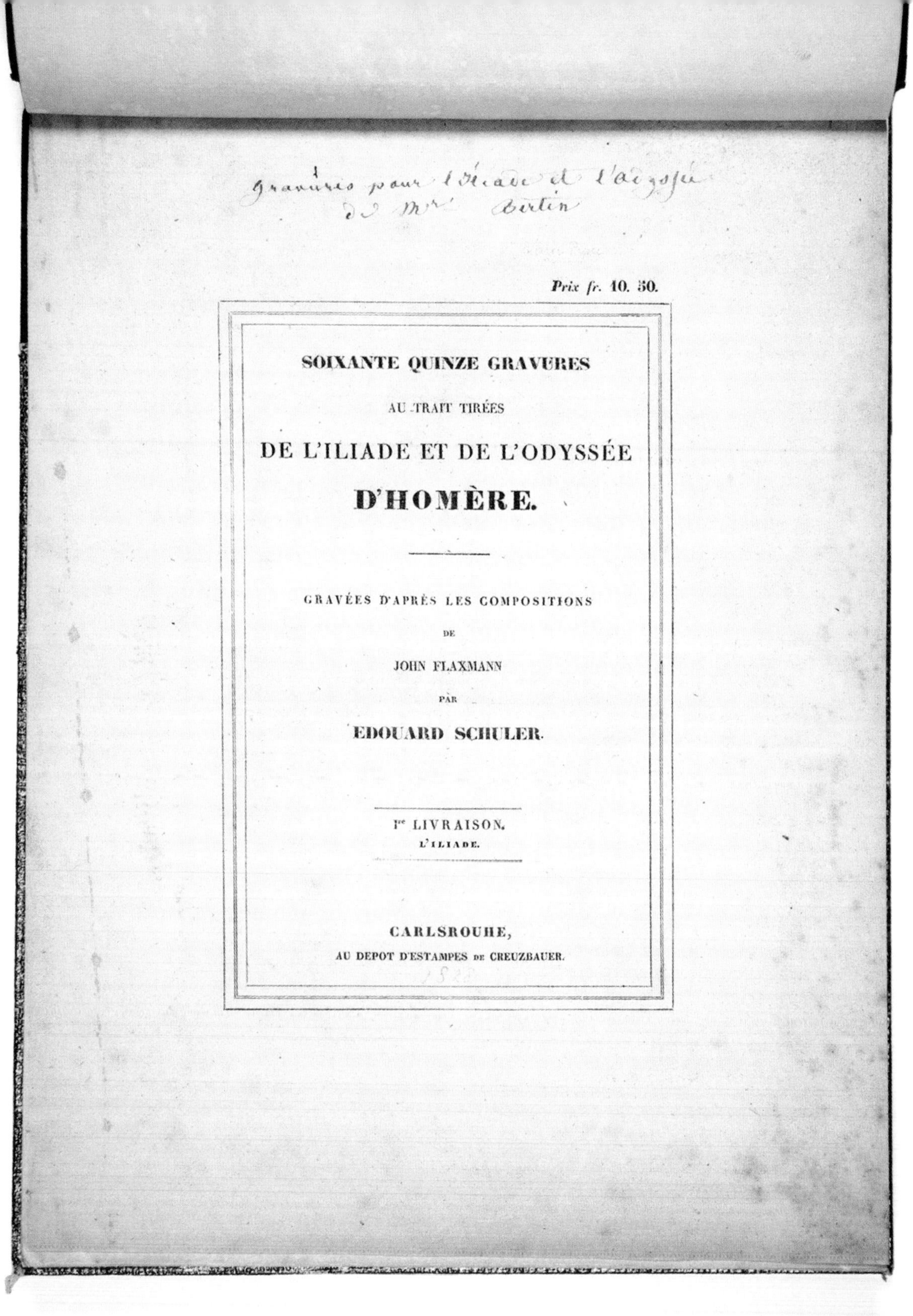

Gravures pour l'Iliade et l'Odyssée de Mr Bertin

Prix fr. **10. 50.**

SOIXANTE QUINZE GRAVURES

AU TRAIT TIRÉES

DE L'ILIADE ET DE L'ODYSSÉE

D'HOMÈRE.

GRAVÉES D'APRÈS LES COMPOSITIONS

DE

JOHN FLAXMANN

PAR

EDOUARD SCHULER.

Ire LIVRAISON.

L'ILIADE.

CARLSROUHE,

AU DEPOT D'ESTAMPES DE CREUZBAUER.

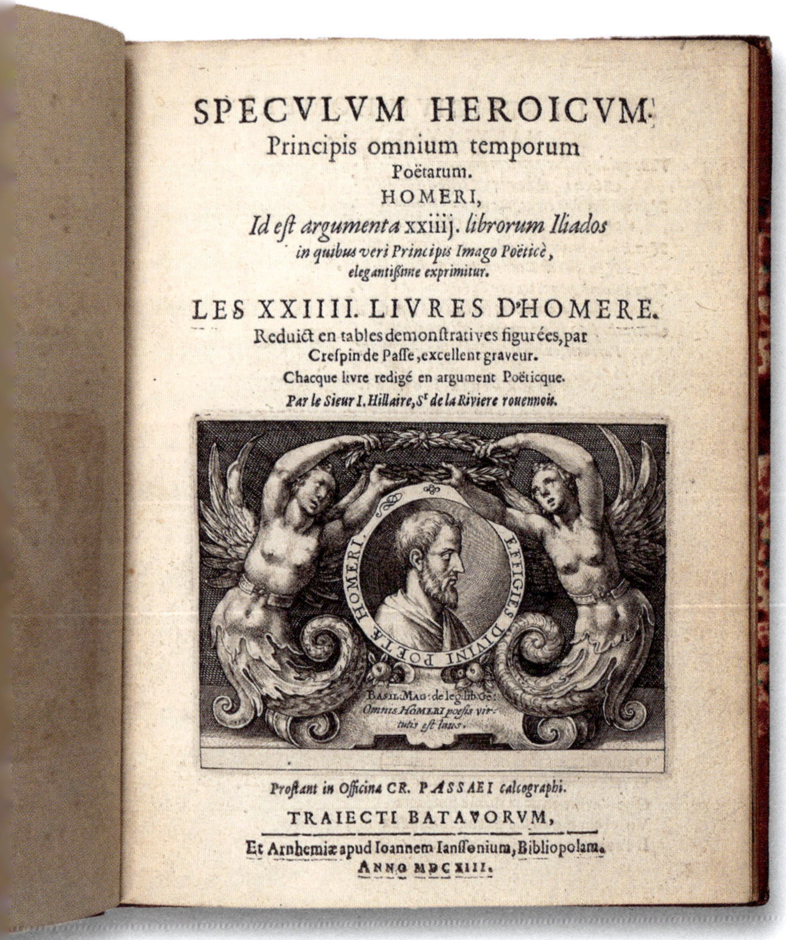

SPECVLVM HEROICVM
Principis omnium temporum
Poëtarum.
HOMERI,
Id est argumenta xxiiij. *librorum Iliados*
in quibus veri Principis Imago Poëticè,
elegantissime exprimitur.
LES XXIIII. LIVRES D'HOMERE.
Reduict en tables demonstratives figurées, par
Crespin de Passe, excellent graveur.
Chacque livre redigé en argument Poëticque.
Par le Sieur I. Hillaire, Sr de la Riviere rouennois.

Prostant in Officina CR. PASSAEI *calcographi.*
TRAIECTI BATAVORVM,
Et Arnhemiæ apud Ioannem Ianssonium, Bibliopolam.
ANNO MDCXIII.

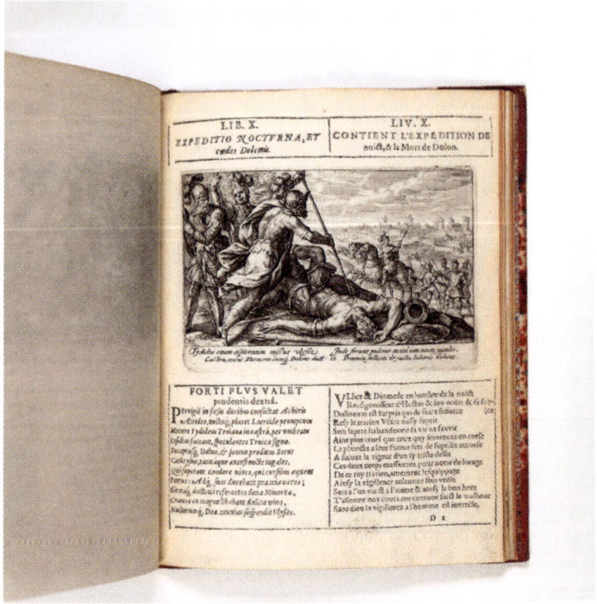

Speculum heroicum principis omnium temporum poëtarum Homeri, ıd est argumenta xxiiij librorum Iliados in quibus veri principis imago poëticè, elegantissime exprimitur. Les XXIIII livres d'Homere reduict en tables demonstratives figurées par Crespin de Passe. Chacque livre redigé en argument poëticque par le Sieur I. Hillaire, Sr de la Riviere. **Traiecti Batavorum: Prostant in Officina CR. Passaei Calcographi, et Arnhemiae apud Ioannem Ianssonium, 1613.**

Οι εικοσιτέσσερις ραψωδίες της *Ιλιάδας* εικονογραφημένες από το Φλαμανδό ζωγράφο, σχεδιαστή και χαράκτη Crispijn van de Passe τον πρεσβύτερο (1565-1637). Τα χαρακτικά συνοδεύονται από το κείμενο της *Ιλιάδας* δοσμένο σε γαλλικούς στίχους από το Γάλλο ποιητή του 16ου αιώνα Isaac Hillaire, sieur de La Rivière. Το εγχείρημα πραγματοποιήθηκε στην Ουτρέχτη από τον Ολλανδό χαρτογράφο και εκδότη Jan Janssonius (1588-1664).

The twenty-four rhapsodies of the *Iliad* illustrated by the Flemish painter, draftsman and engraver Crispijn van de Passe the Elder (1565-1637). The engravings are accompanied by the text of the *Iliad* set into French verse by the 16th -century French poet Isaac Hillaire, sieur de La Rivière. The venture was accomplished in Utrecht by the Dutch cartographer and publisher Jan Janssonius (1588-1664).

Τρίτη έκδοση της νεοελληνικής συντομευμένης παράφρασης της *Ιλιάδας* από τον Έλληνα λόγιο του 16ου αιώνα Νικόλαο Λουκάνη. Τυπώθηκε στη Βενετία από τον Giovanni Pietro Pinelli (fl. 1631-1680?). Το αντίτυπο ανήκε στο Λόρδο Βύρωνα.

Third edition of the Modern Greek abridged paraphrase of the *Iliad* by the 16th century Greek scholar Nikolaos Loukanis. Printed in Venice by Giovanni Pietro Pinelli (fl. 1631-1680?). The copy belonged to Lord Byron.

***Ὁμήρου Ἰλιάς μετά τιπωθεῖσα εἰς κοινήν*. Ἐνετίησιν: παρ᾽ Ἰωάννῃ πέτρῳ Πινέλλῳ. 1640.**

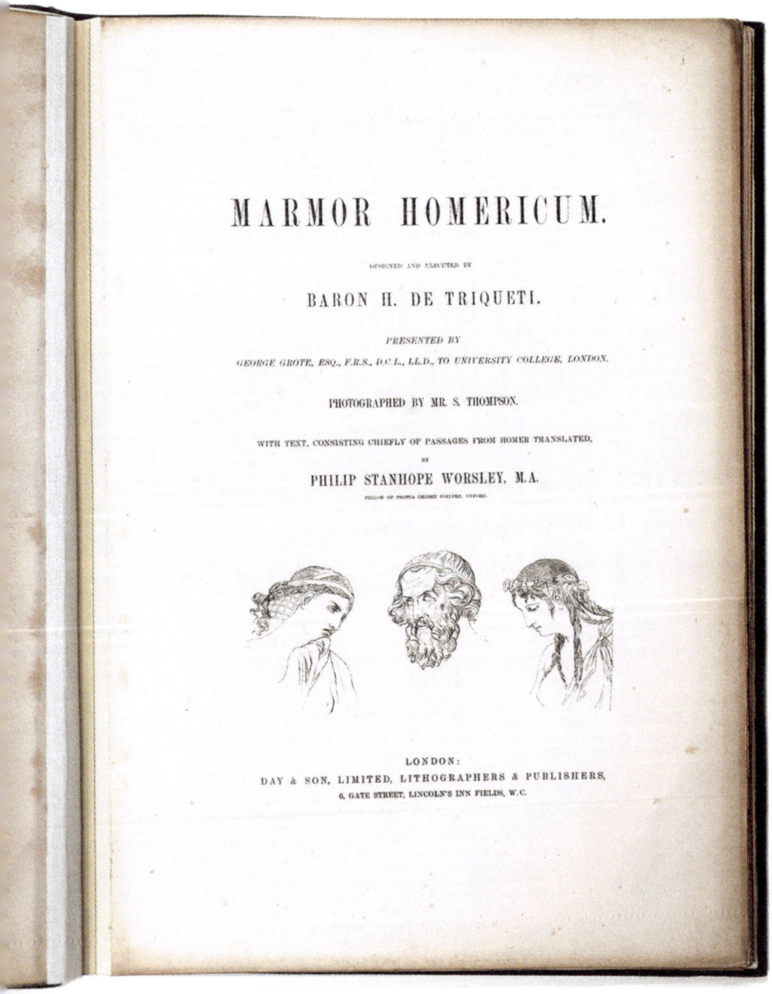

MARMOR HOMERICUM.

DESIGNED AND EXECUTED BY

BARON H. DE TRIQUETI.

PRESENTED BY

GEORGE GROTE, ESQ., F.R.S., D.C.L., LL.D., TO UNIVERSITY COLLEGE, LONDON.

PHOTOGRAPHED BY MR. S. THOMPSON.

WITH TEXT, CONSISTING CHIEFLY OF PASSAGES FROM HOMER TRANSLATED,

BY

PHILIP STANHOPE WORSLEY, M.A.

LONDON:

DAY & SON, LIMITED, LITHOGRAPHERS & PUBLISHERS,

6, GATE STREET, LINCOLN'S INN FIELDS, W.C.

***Marmor Homericum* designed and executed by Baron H. Triqueti with text, consisting chiefly of passages from Homer translated by Philip Stanhope Worsley. London: Day & Son, 1866.**

Έκδοση με φωτογραφίες του «Marmor Homericum», ενός επίτοιχου αναγλύφου με ένθετα στοιχεία έγχρωμου μαρμάρου, που παρήγγειλε ο Άγγλος ιστορικός George Grote (1794-1871) για το University College του Λονδίνου το 1863. Το έργο που σχεδιάστηκε και εκτελέστηκε από το Γάλλο γλύπτη Henri-Joseph-François Triqueti (1803-1874), απεικονίζει τον Όμηρο να απαγγέλλει την *Ιλιάδα* με συνοδεία λύρας. Η έκδοση περιέχει, επίσης, αποσπάσματα του Ομήρου μεταφρασμένα από τον Άγγλο ποιητή Philip Stanhope Worsley (1835-1866).

Edition featuring photographs of the "Marmor Homericum," a marble intarsia commissioned by the English historian George Grote (1794-1871) for University College London in 1863. Designed and executed by the French sculptor Henri-Joseph-François Triqueti (c.1803-1874), the work depicts Homer reciting the *Iliad* accompanied by a lyre. The accompanying text primarily comprises passages from Homer translated by the English poet Philip Stanhope Worsley (1835-1866).

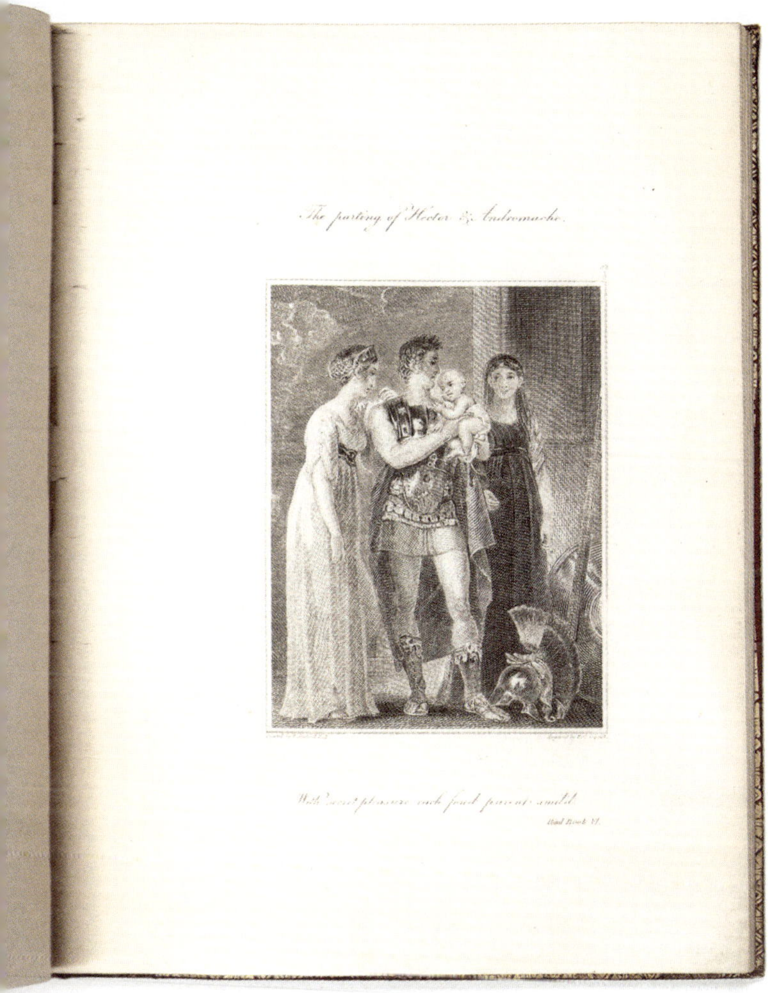

Σειρά από χαρακτικά που εικονογραφούν τη μετάφραση των ομηρικών επών από τον Άγγλο ποιητή Alexander Pope (1688-1744), βασισμένα σε σχέδια επιφανών καλλιτεχνών όπως ο Henry Fuseli (1741-1825), ο Thomas Stothard (1755-1834) και ο Richard Westall (1765-1836).

A series of engravings accompanying the translation of the Homeric epics by the English poet Alexander Pope (1688-1744). These engravings are based on drawings by renowned artists such as Henry Fuseli (1741-1825), Thomas Stothard (1755-1834), and Richard Westall (1765-1836).

A series of engravings illustrative of Pope's translation of Homer's Iliad and Odyssey engraved by the most eminent artists after designs by Stothard, Fuseli, Westall, Smirke.
London: Printed by W. Lewis, Finch-Lane, Cornhill, [1825].

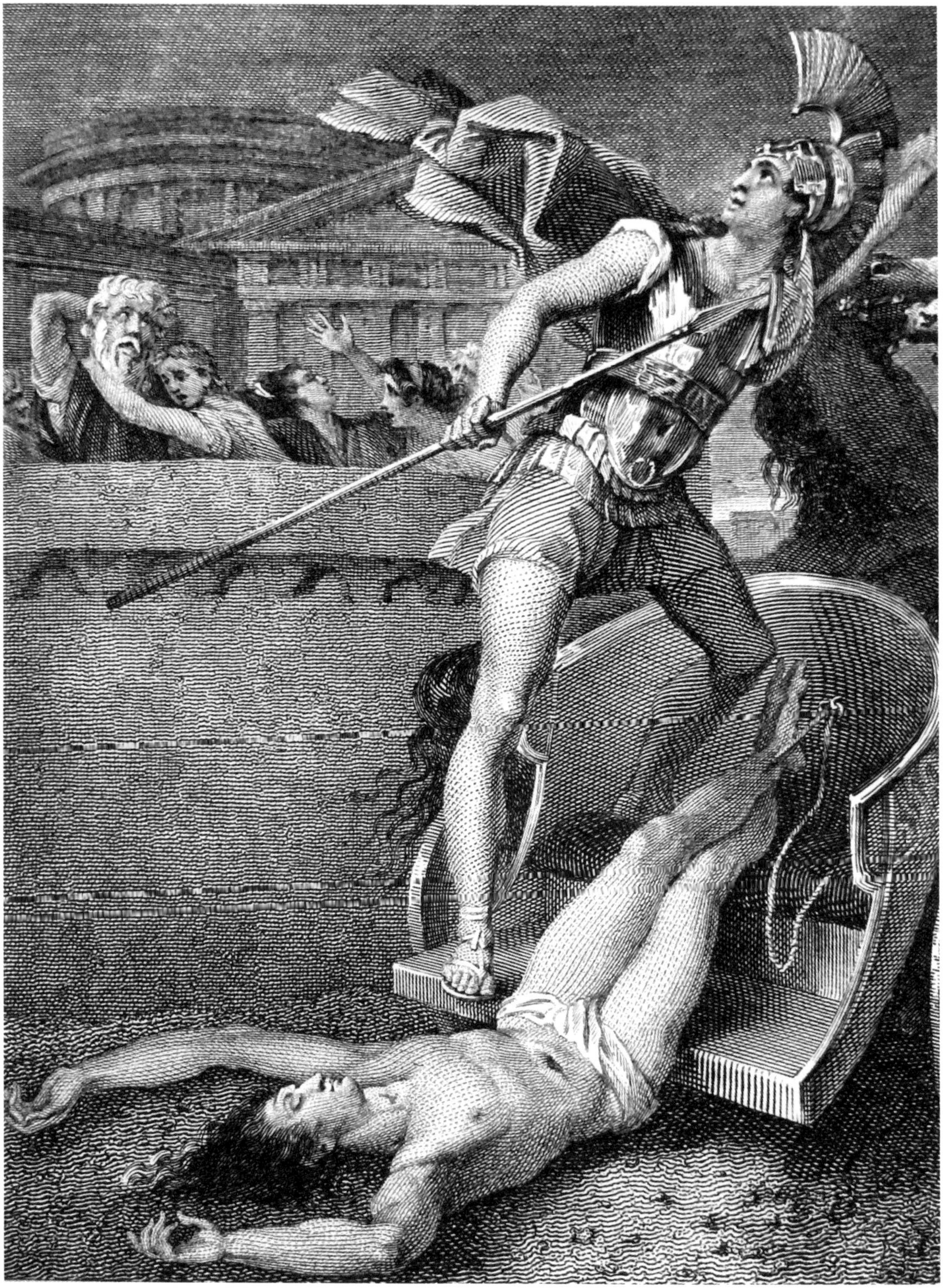

Mortale est quod quæris opus: mihi fama perennis
Quæritur, ut toto semper in orbe canar.
Vivet Mæonides, Tenedos dum stabit & Ide,
Dum rapidas Simois in mare volvet aquas.
Vivet & Ascræus &c.

& paulo post.

Ergo cum silices, cum dens patientis aratri
Depereant aevo, carmina morte carent.
Cedant carminibus reges, regúmque triumphi,
Cedat & auriferi ripa beata Tagi. &c.

Illum inquam has aliásque tantæ gloriationis plenas voces audimus, vnde eas quæso nisi è pectoribus cuiusdã sibi in carminibus suis diuinitatis consciis erupisse existimamus? Nec verò dubitat idem Naso profiteri, suam vnicuique poetæ patriam præcipuum suum nomẽ decúsque acceptum ferre debere,

Mantua Virgilio gaudet, Verona Catullo:
Pelignæ dicar gloria gentis ego.

Quid Propertius?

Ut nostris tumefacta superbiat Umbria libris,
Umbria Romani patria Callimachi.

uinciam soli inter omnes scriptores viris fortibus æternũ cus, tanquam veram certámque præclari laboris mercedẽ, lliceri audent. ita enim Theocritus,

Μουσάων δ' ὑποφῆται ἀείδοντι Πτολεμαῖον
Ἀντ' εὐεργεσίης. τί δὲ κάλλιον ἀνδρί κεν εἴη
Ὀλβίῳ, ἢ κλέος ἐσθλὸν ἐν ἀνθρώποισιν ἀρέσθαι;
Τοῦτο καὶ Ἀτρείδαισι μένει· τὰ δὲ μυρία κεῖνα
Ὅσσα μέγαν Πριάμοιο δόμον κτεάτισσαν ἑλόντες,
Ἀέρι πᾷ κέκρυπται, ὅθεν πάλιν οὐκέτι νόστος.

t (si bene interpretor, verbum verbo propemo

um at mystæ Ptolemæo dona repen
procerine decentior ulla
immortale par
ne co